AF450884

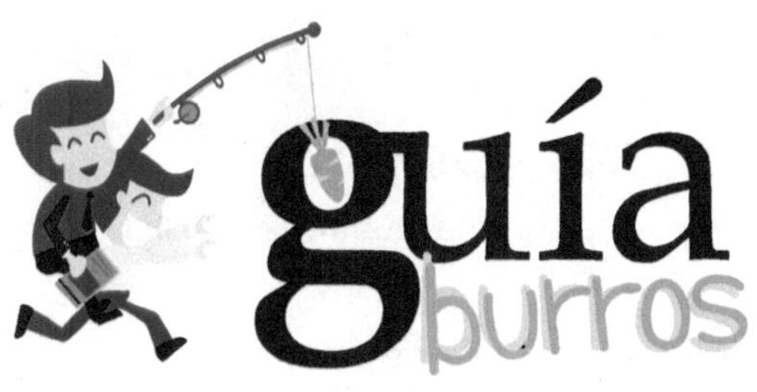

PINTORAS EN LA HISTORIA

MUJERES EN EL OLVIDO

MARÍA DEL CARMEN MORCILLO

www.pintorasenlahistoria.guiaburros.es

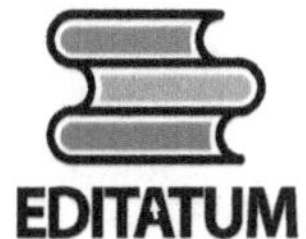

EDITATUM

Diseño de cubierta: © Marta Villarín (EDITATUM)
Maquetación de interior: © EDITATUM
Ilustración de la cubierta: "Mujer en su toilette". Berthe Morisot, 1870. The Art Institute of Chicago.

Primera edición: septiembre de 2021

ISBN: 978-84-18429-33-0
Depósito Legal: M-23819-2021

IMPRESO EN ESPAÑA/ PRINTED IN SPAIN

Si después de leer este libro, lo ha considerado como útil e interesante, le agradeceríamos que hiciera sobre él una **reseña honesta en cualquier plataforma de opinión** y nos enviara un e-mail a **opiniones@guiaburros.es** para poder, desde la editorial, enviarle **como regalo otro libro de nuestra colección.**

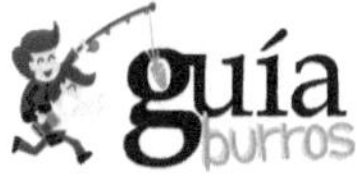

Sobre la autora

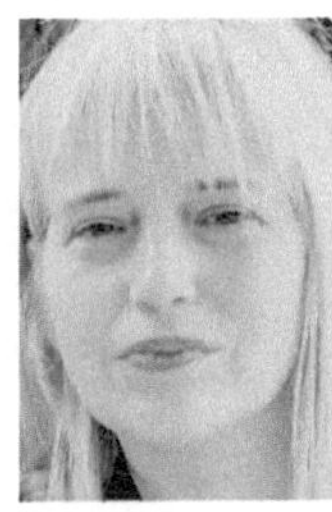 **María del Carmen Morcillo,** nacida en Plasencia(Cáceres), madrileña de adopción. Diplomada en Ciencias Empresariales por la Universidad Carlos III de Madrid, ha trabajado de secretaria y contable en varias multinacionales.

Mente curiosa y aficionada a la historia del arte desde que contempló en la infancia con su padre la sala oscura dónde se exponían las Meninas, asidua visitante de museos y en especial del Museo del Prado. Interesada de forma autodidacta por el arte en general y por las mujeres artistas en particular. Durante el confinamiento de 2020 retomó su propia investigación sobre pintoras desconocidas y olvidadas, que es el germen de este trabajo.

Agradecimientos

Para Eva María y Esther, mis hijas, para que descubran que las mujeres pueden hacer todo lo que se propongan.

A mi madre, mi marido y el resto de mi familia y amigos por animarme en esta nueva ilusión.

A Sebastián Vázquez por confiar en que mi investigación merecía ser publicada y por los sabios consejos de estilo recibidos

A mi querida amiga Marta, que me embarcó en este apasionante proyecto.

Índice

Introducción

Lo que más deseo es la libertad de salir sola, de ir y venir, de sentarme en las sillas de las Tullerías, y sobre todo en las del Rosa Luxemburgo, de pararme y mirar las tiendas de objetos de arte, de entrar en las iglesias y los museos, de caminar por las viejas calles de noche; eso es lo que más deseo; y esa es la libertad sin la que no se puede llegar a ser artista. ¿Alguien se cree que puedo captar muchas cosas valiosas de lo que consigo ver, si siempre tengo que ir acompañada y para ir al Louvre tengo que esperar a que lleguen mi coche, mi dama de compañía y mi familia? Esta es una de las principales razones por las que no existen mujeres artistas.

María Bashkirtseff
Pintora afincada en París (1879)

La idea de escribir un libro sobre mujeres artistas surgió en la puerta del colegio. Esperando junto a las otras madres en la entrada a que le tomen la temperatura a nuestros hijos cumpliendo los protocolos del Covid, mi querida Marta nos pidió ayuda para un proyecto: hacer un libro sobre los pintores más influyentes de la historia del arte. La idea era buena, pero muy poco original. De este tipo de manuales hay un montón, por ello decidimos darle una vuelta. Si en estos tiempos de pandemia, en pleno siglo XXI, hiciésemos una encuesta para saber cuántos pintores conocemos, la mayoría de la población consultada mencionaría a Goya, a Velázquez o a Van Gogh y, posiblemente, no consideraría a ninguna mujer. Es más, si hojeamos algún manual de historia del arte de primaria o secundaria, o bien no encontraremos a ninguna, o bien su presencia será residual.

Es como si no hubiesen existido mujeres artistas. ¿Por qué no las conocemos? Pues porque a lo largo de los siglos las hemos tenido escondidas, en los conventos en el Medievo y dedicándose a las labores domésticas durante el Renacimiento y el Barroco. Durante el siglo XIX las impidieron formarse en academias porque no era de "señoritas bien" pintar cuerpos desnudos, tanto masculinos como femeninos. Además, cuando en dicho siglo se crearon las grandes pinacotecas europeas, se siguió la norma patriarcal de considerar a las mujeres inferiores y relegarlas al sótano. Es decir, los que decidieron qué se iba a exponer en los museos eran hombres, y por tanto se decidieron por artistas de su género. El problema es que hemos interiorizado este concepto y nos ha parecido normal que, hasta el 2021, la principal pinacoteca española expusiera solo siete mujeres artistas en su colección permanente. Recientemente, tras la remodelación de las salas del XIX se han incluido a trece artistas.

De este modo, algunas se vieron obligadas a pintar temas menores como bodegones o miniaturas y así ser la *rara avis* de la familia o del taller de padres o esposos. Pero, incluso con todas estas dificultades, algunas destacaron. Por suerte, en el siglo XX, gracias a la explosión de las vanguardias y a las primeras feministas, las artistas fueron haciéndose un hueco. Además, si conocemos a alguna pintora suele ser más gracias a anécdotas de su biografía y su faceta como icono pop que por su obra. Sabemos que Frida Kahlo es un icono pop, o nos quedamos en la anécdota de la traumática violación de Artemisia Gentileschi. Por otro lado no dejamos de admirar a Caravaggio, conociendo su violento carácter, o a Picasso, a pesar de su misoginia.

En los últimos años, estamos asistiendo a grandes acontecimientos artísticos que tratan de llenar este vacío por parte de los grandes museos mundiales dando a conocer a estas artistas como lo que son: grandes pintoras. Así, hemos podido asistir de manera presencial o virtual a estos eventos:

- Las recientes exposiciones del Museo del Prado sobre Sofonisba Anguisola y Lavinia Fontana y Clara Peeters como retrospectivas de mujeres artistas e "invitadas" dedicadas a explicar la situación de la mujer en el siglo XIX en general y de las artistas en particular.
- La exposición monográfica sobre la obra de Artemisia Gentileschi en la National Gallery (parada por la pandemia, como si el destino nos impidiera hacer justicia todavía).
- La exposición recién clausurada sobre Georgia O'keefe en El Museo Thyssen-Bornemizza.

Nuestros objetivos son sacar del olvido a las mujeres pintoras para que, dentro de unos años, cuando se haga esa encuesta los resultados sean distintos y que cuando ojeemos un manual de historia de arte o visitemos una gran pinacoteca la lista de artistas esté considerada con criterios de igualdad. El problema de las pinacotecas es que su recorrido expositivo se hizo en el patriarcal siglo XIX y sigue siendo gestionado por directivos del siglo XX pese a que está dirigido a un público del siglo XXI que espera perspectiva de género en todos los ámbitos.

El lector advertirá que en la relación de pintoras no figura Frida Kahlo. Esto se debe a que ella no es precisamente una pintora en el olvido, al contrario, posiblemente sea la artista más conocida dentro de la pintura universal.

Encomendándonos a santa Catalina de Bolonia, patrona de los artistas, trataremos de contar la historia del arte como siempre debió ser contada.

De las artistas rupestres a las monjas medievales

¡Oh, figura femenina, cuán gloriosa eres!
Hildegarda de Bingen

En 2002, el doctor John T. Manning, de la Universidad de Swansea del Reino Unido, descubrió que existe una relación entre el tamaño del dedo índice y el anular de toda la especie humana y distinta en hombres y mujeres. Aplicando este *ratio de Manning,* dos investigadores franceses, Jean Michel Chazine y Aranud Noury, desarrollaron un programa informático: el Kalaimain, que ha conseguido demostrar que solo la mitad de las manos de las pinturas rupestres son masculinas, siendo la otra mitad de mujeres. Es decir, los pintores de las cuevas prehistóricas fueron pintores y pintoras en igualdad de condiciones, pues la tribu trabajaba en equipo. Por tanto, es nuestro deber seguir reescribiendo la historia del arte desde los orígenes.

En el Antiguo Egipto se han encontrado evidencias de que Helena de Egipto aprendió su oficio de su padre pintor, Timón de Egipto. Helena trabajó en el período posterior a la muerte de Alejandro Magno en el 323 a. C.

Plinio el viejo, en su *Historia natural* del año 77, nos habla de la invención de la pintura por parte de una mujer y de las Seis Mujeres Artistas de la Antigüedad. En el *Libro 35* de este compendio de conocimiento se nos cuenta la historia de **Kora,** hija de Butades, que quedó prendada de un joven que pronto marcharía a la guerra. Durante la última noche antes de su despedida, Kora despertó de su sueño y descubrió cómo el perfil de su amado se describía en la pared proyectado por la luz de una vela. Tomando un carboncillo, repasó el perfil de la sombra para así no olvidar la imagen de su amado. A partir de esa silueta, su padre aplicó una capa de arcilla que modeló llevando a la tercera dimensión el retrato del joven, que posteriormente horneó para que se conservara a lo largo del tiempo. Siguiendo este mito, Kora sería la **inventora de la pintura** y su padre el inventor de la escultura.

Estas son las artistas más antiguas de las que tenemos datos gracias al escritor latino:

1. **Aristateta:** hija y pupila del pintor Nearco. Su fama se debió a un cuadro que representaba a Esculapio.
2. **Irene** o **Eirene:** hija de un pintor, pintó la figura de una joven que estuvo albergada en Eleusis. Poco antes del Renacimiento, Boccaccio escribió sobre Irene en su libro *Sobre las mujeres ilustres (De mulieribus claris);* y le atribuyó obras como *Calipso, El gladiador Teodoro* y una representación de Alcístenes.
3. **Timarete** (o **Thamyris**, o **Tamaris;** siglo v a. C.): es considerada como **la primera pintora registrada en la historia.** Era hija del pintor Micon el Joven, de

Atenas. Según Plinio el Viejo, ella "despreciaba los deberes propios de las mujeres y practicó el arte de su padre". En el tiempo de Arquelao I de Macedonia fue reconocida por una pintura sobre tabla de la diosa Diana que fue conservada en Éfeso.

4. **Anaxandra:** pintora griega, hija de Meakes, un pintor de escenas mitológicas.
5. **Olimpia:** de quien solo conocemos de ella que fue maestra de un pintor llamado Autobulo.
6. **Marcia Severa de Cícico** o **Laia de Cicico:** se dice que la mayoría de sus pinturas trataban sobre mujeres. Era conocida por trabajar más rápido y pintar mejor que sus competidores masculinos, Sopolis y Dionysius, lo que le permitió ganar más que ellos. Laia permaneció soltera toda su vida. También es reconocida por ser la **primera artista en autorretratarse.**

Como vemos, el acceso de estas mujeres a las artes se debe a que sus progenitores eran artistas, y este patrón lo vamos a ver a lo largo de toda la historia. Las mujeres siempre van a ser ayudantes de taller de sus padres o esposos.

En cuanto a la Edad Media, los historiadores siempre nos han enseñado que en los monasterios medievales solo trabajaban hombres, copiando en los *scriptorium* los bellos códices sagrados. Pero estos mismos historiadores olvidaron contarnos que los monasterios medievales fueron dúplices, es decir: en ellos convivían hombres y mujeres de forma complementaria. Las hermanas se encargaban de tareas domésticas y los hombres de la defensa moral y física de los conventos. Además, la única manera que tenían las mujeres medievales de ser algo libres era meterse en un convento. Puede parecer una incongruencia, pero era la única forma de conseguir no estar bajo el mando de un padre o un marido, estando sometidas solo al Dios supremo, que todo lo ve. Estarían dentro de una jerarquía, sí, pero basada en roles femeninos, estándoles permitido llegar a subir en el escalafón conventual: podían llegar a ser abadesas. Y, a pesar de las circunstancias, en estos sitios tan lúgubres y sagrados, hubo mujeres que destacaron y hemos olvidado: **las ilustradoras medievales.** Solo conocemos unas pocas. Las referencias más antiguas de mujeres iluminadoras se encuentran en los siglos VII y VIII: **Herlinda, Reinula de Maasryck,** la abadesa **Agnes de Quedlinbug** y **Hitda de Meschede,** que fue una abadesa ilustradora de Colonia que vivió entre 978 y 1042. Tenemos datos más concretos de:

1. **Ende** (siglo X): es posible que fuera una monja del siglo X, quizás del monasterio de San Salvador de Tábara y que trabajara como iluminadora de manuscritos en el norte de la Península Ibérica. Se le atribuye la iluminación del *Beato de Gerona*. Al final de este manuscrito iluminado figuran el nombre del patrón, el Abad Dominicus, y la fecha exacta de su edición: 6 de julio de 975. También se conocen los nombres de sus dos ilustradores: **"Ende, pintora y sierva de Dios"** y "Emeterio, monje y sacerdote". La palabra latina para "pintor" aquí está en forma femenina. Era común durante la Edad Media citar los nombres, en orden decreciente de importancia, pudiéndose afirmar, por lo tanto, que el más relevante de los dos ilustradores

era una mujer. En consecuencia, Ende **es la primera artista femenina en España y una de las primeras en Europa de la que se tiene registro por firmar una obra.**

2. **Diamuris o Diemud** (siglo XI): monja del monasterio de Wessobrunn en Baviera. Apodada como "la Bella Escriba" por su bonita caligrafía. Iluminó cuarenta y cinco manuscritos que se conservan en la Biblioteca Estatal de Baviera.

3. **Hitda** (978–1042): fue una monja y abadesa que ilustró los *Evangelios de la abadesa de Hitda de Meschede* o el *Codex Hitda,* considerado como la obra maestra de la escuela de iluminación de Colonia, caracterizada por la utilización libre del pincel. Esta artista dio un paso más para trascender en la historia de la iluminación incorporando su propio retrato en la obra en la que estaba trabajando, un gesto que posteriormente repetiría la ahora reconocida Hildegarde Von Bingen.

4. **Guda de Weissfauen** (siglo XII): como acabamos de ver, incluir autorretratos en las iluminaciones fue un guiño frecuente de las artistas medievales, una osadía que podría interpretarse como rebeldía y reafirmación de un trabajo del que estaban muy orgullosas. Guda también incluyó su autorretrato en una letra inicial del *Homiliario de San Bartolomé,* y por si no quedaba claro de quién se trataba, le añadió un texto que dice: ***Guda, peccatrix mulier, scripsit et pinxit hunc librum*** ("Guda, una pecadora, escribió y pintó este libro"). Este manuscrito se conserva en la Biblioteca del Estado, en Fráncfort del Men. Actualmente, los investigadores consideran a Guda de Weissfauen como **una**

de las primeras mujeres que crearon un autorretrato firmado en el mundo occidental.

5. **Claricia** (siglo XII): era una monja alemana del siglo XIII que aprovechó el "aire" de la inicial "Q" que dibujaba en un salterio para pintarse a ella misma y repetirse, colgada, en otra imagen del libro. De hecho, este manuscrito se conoce como el *Salterio de Claricia* del Museo Walters de Baltimore.

Hildegard Von Binger
O cómo ser la mujer más influyente en la Edad Media

(Bermersheim, 1098-Monasterio de Rupertsberg, 1179)

La más famosa artista medieval fue Hildegard Von Binger, perteneciente a la Orden de San Benito, que fue una santa, compositora, escritora, filósofa, científica, naturalista, médica, abadesa, mística, líder monacal y profetisa alemana. Fue conocida también como la **"Sibila del Rin"** y la **"Profetisa Teutónica".** Logró todo lo que una mujer podía conseguir en el Medievo gracias a una vida de esfuerzo, estudio y dedicación. Como vemos, no solo fue iluminadora medieval, sino mucho más.

Hildegard Von Bingen nació en una familia noble alemana en 1098. Fue la décima de sus hermanos y pasó enferma la mayor parte de su infancia. Sus padres eran muy creyentes y la entregaron a la Iglesia como un diezmo (por ser la menor de sus diez hijos) cuando ella tenía ocho años.

Cuando fue adulta, Hildegard expresó su gratitud hacia su familia por haberla entregado a la Iglesia en un momento en que "el espíritu religioso crecía lentamente". En 1136 fue elegida por unanimidad abadesa y tras su elección se atrevió a confesar que tenía visiones desde niña. Estas visiones hicieron que se la tratara como una persona en conexión con Dios y gracias a esto fue capaz de deshacerse de las restricciones que la Iglesia medieval imponía a las mujeres predicadoras, pudiendo por ello dedicarse a la filosofía y a la ciencia. De hecho, la mayoría de los manuscritos de Hildegard Von Bingen se basan en sus experiencias místicas. Tardó diez años en decorar su primera obra: *Scivias (Conoce los caminos),* una serie de veintiséis visiones con diez grandes iluminaciones a página completa. Se autorretrata orgullosa mirando hacia arriba, en forma de alabanza por la inspiración y "firmando" su trabajo en una esquina de todas las páginas.

Esta particular mujer era también una compositora consumada y sus obras se escuchan hoy en día. Buscad en Spotify. Como curiosidad, el asteroide (898) Hildegard, descubierto por el astrónomo alemán Max Wolf el 3 de agosto de 1918, y el cráter lunar Hildegard llevan este nombre en su memoria desde febrero de 2016.

El 7 de octubre de 2012, el Papa Benedicto XVI la nombró **Doctora de la Iglesia.** Además, también inventó un alfabeto: el ***Litere ignote,*** que usó para su lengua *lingua ignota,* primera lengua artificial de la historia, por la que fue nombrada **patrona del esperanto.**

🖌 Obras destacadas:

- *El Códice de Wiesbaden,* 1200. Biblioteca de Wiesbaden (actualmente Universidad y Biblioteca Estatal de Rhein-Main) (Alemania). Durante la Segunda Guerra Mundial, el manuscrito original fue casi destruido, pero su contenido se conservó gracias a fotocopias y facsímiles extraídos durante las primeras décadas del siglo xx.
- *Códice de Gante,* entre 1170 y 1173. Biblioteca de la Universidad de Gante (Bélgica).
- *Códice de Lucca,* siglo xiii. Biblioteca Estatal de Lucca (Italia).

Liber Scivias

Santa Catalina de Bolonia

De iluminar códices a iluminar a artistas, pues es su patrona

(Bolonia, 1413-1463)

Nacida como Catalina Vigri, fue una mística y monja clarisa, la rama femenina de los seguidores de san Francisco de Asís. Fue canonizada en 1712 por el papa Clemente xi y declarada patrona de las artes liberales. Es la **patrona de los artistas** y su fiesta se celebra el 9 de marzo.

Su padre trabajaba al servicio del Señor de Ferrara y no era pintor. Este hecho le permitió a la niña compartir juegos y conocimientos con los hijos del señor. Entre las enseñanzas se incluían estudios de filosofía, latín, griego y el arte de la pintura e iluminación de códices. En su juventud "pasaba" de fiestas y coqueteos. Prefería estar sola dibujando y rechazaba reiteradamente cualquier propuesta matrimonial. Quería ser libre y, en su época, esta libertad solo se conseguía dentro de los muros de un convento. Así, se unió a un grupo de mujeres pías y se dedicó a la vida contemplativa fundando en su ciudad natal un cenobio de monjas clarisas, en el que, por suerte, sus superiores no reprimieron su ansia de conocimientos y le adaptaron un taller de ilustración de manuscritos.

Su cuerpo incorrupto sigue expuesto para la veneración en el Convento de las Clarisas del Corpus Domine de Bolonia. Una imagen impactante de una gran mujer que espera sentada en una silla a que sus patrocinados, los artistas, le reconozcan como merece.

✎ Obras destacadas:

- ***Cristo en la Cruz.*** Iglesia Corpus Domini, Bolonia.
- ***Santa Úrsula y sus Hijas.*** Pinacoteca de Bolonia.
- ***Santa Úrsula.*** Galería de la Academia de Venecia.

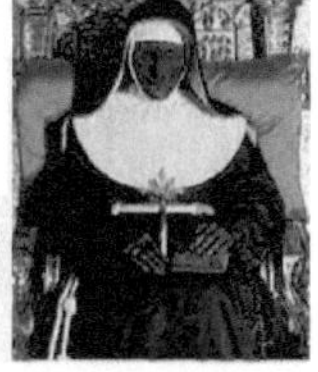

Cuerpo incorrupto de
Santa Catalina de Bolonia

Mujeres en el Renacimiento: las primeras artistas

La vida está llena de sorpresas; intento capturar estos preciosos momentos con los ojos bien abiertos.

Sofonisba Anguisola

La explosión del gótico en el siglo anterior hizo que las ideas artísticas se expandieran por toda Europa gracias a las cuadrillas de trabajadores necesarias para la construcción de las catedrales. Parece lógico pensar que dentro de estas cuadrillas hubiera mujeres que acompañaban a su familia a las obras y que estas se encargaran de trabajos menores para ayudar a la economía familiar. De hecho, la escultora Propercia de Rosi realizó, entre muchas otras obras, la reconstrucción de la Iglesia de San Petronio en Bolonia, esculpiendo *La visita de la reina de Saba a Salomón* y *José y la mujer de Putifar*, actualmente expuestos en el Museo de San Petronio. Esta obra es muy importante al ser la **primera escultura firmada por una mujer en una iglesia occidental** y la primera documentada, lo cual sitúa a esta artista al mismo nivel que sus colegas masculinos.

Los artesanos se van asentando en las incipientes ciudades y a medida que estas crecen, los gremios artesanos también lo hacen. En este periodo nacen los talleres de pintura como un gremio más de la ciudad. Las esposas e hijas del maestro colaboran en las funciones menores del taller preparando lienzos, pigmentos y aglutinantes. En esta época era frecuente que las hijas de los maestros se casaran con sus aprendices y siguieran asistiendo a sus esposos cuando estos creaban su taller propio. La mayoría de las mujeres que pintaron durante estos siglos fueron "aprendizas" y ayudantes de sus progenitores y esposos. Este es mayoritariamente el origen de las grandes pintoras renacentistas.

Estas artistas se suelen autorretratar pintando su valía y empoderamiento: soy mujer, pinto y me autorretrato para que veáis mi talento natural. Además, se autorretratan con ropas caras y no con ropas de trabajo para reforzarse como artistas cultas e intelectuales, dejando de lado el concepto artesanal del oficio. Usaban una estrategia de *marketing* actual: creaban una "tarjeta de visita" muy vistosa para atraer a futuros clientes.

A continuación pasaremos a enumerar a cuatro grandes pintoras del Renacimiento.

Catharina Van Hemessen

O la historia de cómo tener a María de Hungría de mecenas y de rebote trabajar para la corona española

(Amberes, 1527-1578)

Es considerada la **primera mujer artista en el sentido moderno de la palabra.** Especializada en retratos, **destaca su propio *Autorretrato ante el caballete,*** fechado en 1548 (Museo de Arte de Basilea y Museo del Hermitage de San Petersburgo), el primer autorretrato femenino conocido de una pintora pintando.

Hija de un pintor manierista formado en Italia, Jan Sanders van Hemessen, hacia 1450 entra a trabajar en la corte de María de Hungría, regente de los países Bajos y hermana del emperador Carlos V. La regente flamenca será una gran protectora de artistas y Catharina una de sus protegidas. En la corte, se casa con Christian de Morien, organista de la catedral de Amberes y abandona los pinceles para dedicarse a sus "obligaciones familiares".

El matrimonio acompañará a la Reina María en su regreso a España tras abdicar. Este cortejo se alojará en el Palacio del Infantado de Guadalajara. Durante este periodo, la artista colaboró en el *Retablo de Tendilla* del desaparecido Monasterio de Santa Ana de Guadalajara, realizando la parte central y el testero de dicho retablo. Esta obra se encuentra en la actualidad en el Cincinnati Art Museum debido a una serie de rocambolescas desdichas.

Aparece mencionada también en el libro *Vidas,* de Vasari, una obra que recoge la biografía de grandes artistas del siglo XVI, como miniaturista al servicio de María de Hungría, lo cual es una muestra de la importancia y prestigio que tuvo entre sus contemporáneos.

Obras destacadas:

- ***Autorretrato,*** hacia 1548. Öffentliche Kunstsammlung, Basilea (Suiza).
- ***Retrato de una mujer,*** 1548. Museo Bowes, Barnard Castle (Inglaterra).
- ***Joven tañendo un instrumento,*** 1548. Museo Wallraf-Richartz, Colonia (Alemania).

Retrato de mujer

Sofonisba Anguissola
La que abrió el camino sin pretenderlo

(Cremona, 1535-Palermo, 1625)

Era la mayor de siete hermanos, seis de los cuales eran niñas. Su padre, que curiosamente era comerciante y no pintor, dio a todas sus hijas (Sofonisba, Elena, Lucía, Europa, Minerva y Ana María) una educación exquisita. Cuatro de sus hermanas también fueron pintoras, aunque Sofonisba fue la más dotada. A los catorce años, su padre la envió, junto con su hermana Elena, a estudiar con Bernardino Campi, un respetado autor de retratos. Posteriormente, continuó estudiando con el pintor Bernardino Gatti (conocido como "El Sojaro").

Este aprendizaje de Sofonisba con artistas locales sentó la base para que las mujeres fueran aceptadas como estudiantes de arte. La adolescente empezó a deslumbrar por sus retratos familiares, por supuesto sin desnudos.

Su trabajo más importante en aquella época es su obra *Bernardino Campi pintando a Sofonisba Anguissola,* el cual está fechado en 1550 y se encuentra en la Pinacoteca Nacional de Siena.

No tuvo la posibilidad de estudiar anatomía ni de dibujar al natural, pues era considerado inaceptable para una señorita que esta viera cuerpos desnudos (esta situación se repetirá un siglo después con Elisabetta Sirani).

Sofonisba se vio obligada a inventar un nuevo estilo de retratos: sus personajes tienen poses más informales. Los miembros de su propia familia y ella misma fueron los protagonistas de sus obras.

En 1554, Sofonisba viaja a Roma y conoce a Miguel Ángel Este encuentro con el artista fue un gran honor para la pintora y le sirvió para ser alumna a distancia del maestro. El genio le enviaba bocetos de su cuaderno de notas para que ella los pintara con su estilo personal y le ofrecía correcciones y consejos. Durante al menos dos años, Sofonisba continuó este estudio "informal", recibiendo una sólida orientación del mismo Miguel Ángel. Su fama llega al Papa Julio II, que le pedirá un autorretrato para sus colecciones. Siendo muy reconocida, vuelve a su ciudad natal y funda un taller, pero para ser una dama virtuosa no puede cobrar por trabajar: en la mentalidad de la época, las mujeres que cobran son consideradas prostitutas. Sofonisba no cobrará nunca ningún trabajo, pero recibirá regalos, costosas telas y joyas a cambio de sus retratos.

Hacia 1558, Sofonisba viaja a Milán, y pinta al Duque de Alba. Este retrato cambia su vida, pues le abre las puerta de la corte española. La pintora se traslada a España como dama de compañía y profesora de pintura de Isabel de Valois y Ana de Austria, tercera y cuarta esposa del rey Felipe II. Durante los trece años que Sofonisba vivió en la corte española retrató a toda la familia real, pero su obra no dejó huella en las colecciones reales y hasta hace bien poco muchos de sus retratos eran considerados pintados por hombres. Tal es el caso del *Retrato de Felipe II,* que ha sido atribuido a Sánchez Coello hasta no hace mucho tiempo. Se la seguía considerando "una dama de compañía que pintaba bien".

En 1570 se casa con Fabrizio Moncada, un noble siciliano con el que vive en Sicilia hasta que se queda viuda. De vuelta a Cremona, Sofonisba conoce al noble genovés Orazio Lomellino, mucho más joven que ella, con el que se casa en 1579 en Pisa. Sofonisba pinta y vive libre y cómodamente gracias a la fortuna de su esposo y a una pensión concedida por el Rey. Recibía en su taller a muchos de sus colegas hombres que aprendían e imitaban el estilo de Anguissola. En 1623, la visitó el pintor flamenco Anton Van Dyck, quien la retrató ya muy anciana en un cuadro expuesto en la Sackville Collection de Kent (Inglaterra). Murió en Palermo en 1625. Siete años después de su muerte, para celebrar el centenario de su nacimiento, su viudo colocó una inscripción en su tumba: "A Sofonisba, mi mujer, quien es recordada entre las mujeres ilustres del mundo, destacando por retratar las imágenes del hombre".

Fue aclamada y respetada a lo largo de su larga vida, pero, curiosamente, en los siglos posteriores pasó al olvido. Por, suerte la estamos volviendo a rescatar. El Museo del Prado le dedicó una exposición en 2019 junto con otra pintora titulada *Sofonisba Anguisola-Lavinia Fontana. Dos modelos de mujeres artistas.*

Obras destacadas:

- ***Partida de ajedrez,*** 1555. Narodowe Muzeum de Poznan (Polonia). La pintura está firmada y fechada sobre el borde del tablero de ajedrez, donde la autora escribió: "SEPHONISBA ANGVSSOLA VIRGO AMILCARIS FILIA EX VERA / EFIGIE TRES SVAS SORORES ET ANCILAM PINXIT. MDLV". ("Sofonisba Anguissola virgen hija de Amilcare pintó los verdaderos retratos de tres de sus hermanas y una sirvienta").

- ***Autorretrato con caballete,*** 1556-1565. Castillo de Łańcut (Polonia).
- ***Felipe II,*** 1565. Museo del Prado, Madrid (España). Esta obra fue tradicionalmente mal atribuida a Alonso Sánchez Coello.

Felipe II

Lavinia Fontana

La primera artista como tal: tuvo taller propio, entró en una academia y retrató desnudos a pesar de tener muchos hijos

(Bolonia, 1552-Roma, 1614)

Lavinia Fontana nació en 1552 en Bolonia (Italia), una ciudad que destacaba por su progresismo. De hecho, la Universidad de Bolonia fue la primera en aceptar a mujeres para que cursaran estudios.

Fue hija de Prospero Fontana, pintor de la escuela de Bolonia. Ya desde muy joven se hizo un nombre como pintora de pequeñas obras, principalmente retratos.

Se casó en 1577, con veinticinco años, con Gian Paolo Zappi, pintor del taller de su padre y noble. Un hecho muy rompedor en pleno Renacimiento fue que la artista abrió un taller propio manteniendo la economía familiar mientras su esposo asistía a su mujer como ayudante pintando el fondo de sus obras y encargandose del cuidado del hogar y de los once hijos que tuvieron. Es considerada la **primera pintora profesional** que pudo vivir de su talento.

Adquirió una gran fama en Bolonia que se extendió por toda Italia gracias a sus excelentes retratos. En sus retratos, los modelos posan de forma natural y destaca su gran capacidad para pintar la ropa y las joyas.

También es reseñable que es considerada la **primera artista en pintar un desnudo.** Usando las temáticas mitológicas como excusa, pudo incluir desnudos en lienzos de gran formato.

En 1603, tras la muerte de su padre, se traslada a Roma, dónde fue elegida pintora oficial de la corte del papa Clemente VIII y seleccionada como miembro de la Academia di San Luca. En 1605 fue designada retratista de la corte del nuevo papa Paulo V. Como vemos, fue la **primera pintora en entrar en una academia.**

El catálogo de su obra es grande, se tiene constancia de ciento treinta y cinco obras suyas, aunque solo se conservan treinta y dos fechadas y firmadas.

El Museo del Prado le dedicó una exposición titulada *Sofonisba Anguisola-Lavinia Fontana. Dos modelos de mujeres artistas.*

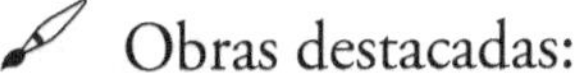 Obras destacadas:

- ***Retrato de la familia Gozzadini,*** 1584. Pinacoteca Nacional de Bolonia (Italia).
- ***Autorretrato tocando la espineta,*** 1577. Academia di Luca de Roma (Italia).
- ***Minerva vistiéndose,*** 1613. Galeria Borghesse, Roma (Italia).

Minerva vistiéndose

Marietta Robusti "la Tintoretta"

O la historia de cómo vivir a la sombra de un gran pintor veneciano

(Venecia, 1554-Venecia, 1590)

Hija ilegítima del gran Tintoretto, pintor veneciano, es también conocida como "la Tintoretta". De pequeña iba con su padre vestida con ropas masculinas para poder acompañarlo en el taller y en las clases sin "llamar la atención". A pesar de su origen ilegítimo y su condición femenina, su obra fue alabada por Maximiliano de Austria y por Felipe II, a los que les llegaron unos retratos de pequeño formato. No llegó a formar parte de la corte de estos soberanos por la negativa de su padre, que no deseaba separarse de su querida hija a pesar de tener siete hijos más. Este hecho tan machista impidió su desarrollo artístico.

Sus obras se confunden con el amplio catálogo de su padre. Por suerte, estudios y restauraciones recientes están descubriendo su firma "MR" en obras atribuidas erróneamente a Tintoretto.

Se casó en 1586 con Mario Augusta, un joyero veneciano, y a los cuatro años de la boda, la infortunada Marietta falleció de sobreparto. Todo lo ingrato de ser mujer en la Venecia del tardorenacimiento le ocurrió a esta pintora: nacer mujer, hija ilegítima y morir en el parto. Imaginemos por un momento la vida tan distinta que hubiera llevado si hubiese nacido varón.

 Obras destacadas:

- ***Autorretrato con madrigal.*** Galeria degli Uffizi, Florencia (Italia).
- ***Retrato de dos hombres.*** Gemaldegälerie, Dresde, (Alemania). Firmada "MR", una forma de reivindicarse como mujer y pintora.
- ***Dama veneciana.*** Museo del Prado, Madrid (España).

Dama veneciana

Autorretrato con madrigal

El esplendor del Barroco

Mientras viva, tendré control sobre mi ser.
Artemisia Gentileschi

A finales del siglo XVI llegamos a un mayor dominio técnico en las artes. Se empieza a entender el arte como un todo y se crea un arte nuevo más intelectual: **el Barroco.** A partir de este momento, el artista adquiere conciencia de su condición de artista, que no es la de un artesano. Es el primer gran estilo artístico que armoniza todas las artes entre sí y con el paisaje.

En los países católicos, el barroco será una reacción frente al protestantismo, estando por ello sus tópicos ligados a la religión y la Contrarreforma. Por el contrario, en los países protestantes las obras se caracterizarán por potenciar el gusto por el detalle para demostrar el poderío económico de la burguesía comercial ascendente. Ambos contextos tendrán en común la consolidación de las monarquías absolutas, que se erigirán como grandes mecenas y fomentarán la aparición de academias en las que únicamente los artistas varones podrán formarse (hay cosas que no cambian, ni aunque surja un nuevo estilo). En esta época, las pintoras seguirán trabajando con sus padres y esposos, como, por ejemplo, Juana Pacheco, esposa del gran Velázquez e hija del maestro de este: Francisco Pacheco.

En las obras barrocas encontraremos composiciones insólitas que siguen la diagonal mostrando escenas muy dinámicas y dramáticas que provocan posturas extrañas con perspectivas vistas desde abajo que invitan a que se pinten inquietantes escorzos. En esta época, el color predominará sobre la línea, desarrollándose así el claroscuro o tenebrismo: se representan minuciosamente los espacios bañados por la luz y el resto queda en penumbra. Este efecto permite dotar al cuadro de una atmosfera propia; es como "pintar el aire que nos rodea".

El gusto flamenco por la minuciosidad hace que aparezcan temas nuevos, como el bodegón o los cuadros de interior. Este tema va a ser muy desarrollado por las pintoras barrocas, pues les permitirá desarrollar un estilo considerado menor, ideal para ellas.

También hay un tema bíblico especial en el que las artistas barrocas insisten repetidamente como una forma sutil de reivindicarse como mujeres y artistas: ***Judith y Holofernes.*** Holofernes fue un caudillo asirio que se encaprichó de una bella viuda judía, Judith, mientras intentaba tomar por la fuerza la ciudad de Betulia. La ciudad sitiada fue salvada gracias a Judith, que se introdujo en el campamento de **Holofernes,** compartió un banquete con él y lo emborrachó para después decapitarle mientras dormía. Mientras que Holofornes pensaba que iba a tener una noche loca de pasión, Judith solo tenía en mente quitarse a su acosador de encima.

Este tópico es toda una declaración de intenciones de las grandes pintoras del barroco, las cuales solían autorretratarse como Judith en muchos casos.

Sin más prolegómenos pasamos a presentar a las grandes protagonistas de esta época.

Fede Galizia
O la historia de cómo hacer del bodegón un arte femenino

(Milán, 1578-1630)

Esta mujer se convirtió en la pionera del bodegón en Italia aprovechando la moda del momento. También se dedicó a hacer obras religiosas y profanas de pequeño formato y otras composiciones del tema femenino más popular del Barroco: Judith decapitando a Holofernes.

Su padre era Nuncio Galizia, pintor miniaturista. Existen documentos en los que Nuncio alaba la obra de su hija de doce años de edad y su gusto por el detalle en la representación de joyas y ricas telas.

Fede se especializó en bodegones, los cuales suponen cuarenta de las sesenta obras de su catálogo conocido. Como se consideraba un género menor, los bodegones no solían ser rubricados, pero uno de sus lienzos pintado en 1602 es considerado el **primer bodegón firmado por un artista en Italia.** Este muy importante aclarar el matiz de que no es la primera mujer en firmar un bodegón, sino la primera artista en general. Sus bodegones son muy detallados y diferentes de los de su padre: usó colores más vibrantes y exquisitos. Casi todos sus trabajos incluyen bandejas de frutas con un tratamiento proporcionado que muestra un mismo tipo de pieza en una canasta o bandeja, con unas caídas alrededor. Algunos incluyen flores frescas. También pintó el *Retablo de Santa María Magdalena de Milán.*

Nunca se casó, algo muy extraño para la época y vivió dedicada a su arte, siendo reconocida como una gran pintora.

 Obras destacadas:

- ***Judith con la cabeza de Holofernes.*** Museo Ringling, Sarasota (EE.UU). Obra firmada y fechada en la hoja de la daga usada por la heroína para decapitar al general asirio.
- ***Manzanas en una fuente,*** 1600. Colección Vitale Bloch, La Haya (Países Bajos).
- ***Cerezas en una compotera de plata,*** 1602. **Primer bodegón firmado en Italia.**

Judith con la cabeza de Holofernes

Artemisia Gentileschi

O la injusta historia de ser conocida como pintora por un hecho brutal de tu biografía, a pesar de ser la mejor *caravaggista* después de Caravaggio

(Roma, 1593-Nápoles, 1656)

Por fin nos encontramos ante una gran **PINTORA BARROCA** en grande y en negrita.

Nacida en Roma en 1593, fue hija del afamado pintor Oracio Gentileschi, seguidor de Caravaggio.

1612 es el año que marcará la existencia de esta artista. Como las mujeres tenían vedado el acceso a academias por lo indecoroso de dibujar desnudos del natural, su padre le consiguió un tutor que le daba clases particulares: Austino Tassi, que la violó cuando la joven tenía diecisiete años. Su padre le demandó judicialmente, no por la "deshonra" de su hija, sino porque el "violador" no podía cumplir con el "compromiso" de la época de contraer matrimonio con la mujer "ultrajada" porque ya estaba casado. Artemisia llego a ser sometida a terribles exploraciones "ginecológicas" y torturas para obligarle a decir la verdad. El violador fue condenado a destierro y ella fue casada rápidamente con el segundo ayudante del taller de su padre: Pierantonio de Vicenzo Stattessi, quien había testificado en contra de ella en el juicio.

Pero en 1621 se separó de su "marido" y tuvo un romance con un joven patricio, Francesco Maria Maringhi, del que se cree tuvo una segunda hija. A partir de este tiempo, luchó por ser una mujer independiente y con trabajo propio en una sociedad en que la mujer no lo tenía fácil.

Su obra se caracteriza por desarrollar temas mitológicos y religiosos. Son muy famosas sus pinturas de las mujeres fuertes de la Biblia: Betsabé, Judith, Sara, o Ruth, que ahora tienen visión feminista. Hay dos temas mitológicos que la autora repite a lo largo de su vida a modo de catarsis y de venganza hacia su agresor: *Judith decapitando a Holofernes,* siguiendo la moda de la época y *Susana y los viejos,* cuadro en el que innovó en la composición, pues en vez de mostrar a la protagonista de la obra coqueta y sumisa, como hicieron sus predecesores, nos la enseña transmitiéndonos todo el asco y miedo que siente al verse acosada por los dos ancianos.

Fue la **primera mujer en ser miembro de la Accademia di Arte di dissegno di Arte de Florencia** y tuvo clientela internacional en su taller, entre la que podemos encontrar a Cosme II de Medici o a Carlos I de Inglaterra. Conoció a otros artistas como Van Dyck y a Sofonisba Anguisola y se consideraba amiga de Galileo Galilei.

Falleció en 1656, debido a una epidemia de peste e, incomprensiblemente, cayó en el olvido hasta 1916, año en el que el crítico de arte italiano Robert Langhi realizó un ensayo sobre la familia Gentileschi, lo cual supuso el punto de partida de su recuperación como pintora *caravaggista.*

La esposa de Langhi, la escritora Anna Banti, le dedicó una biografía novelada en 1947 titulada *"Artemisia"*. La National Gallery de Londres proyectó una exposición monográfica en 2020, que era la gran cita mundial del arte de ese año, pero la epidemia de la Covid-19 ha impedido disfrutarla adecuadamente. Otra vez, el destino ha vuelto a hacerle una jugarreta a esta artista negándole la atención que merece, aunque esta vez será por menos tiempo.

Como curiosidad, da nombre a un asteroide del planeta Marte (el 14831 Gentileschi) descubierto en 1987, una forma muy poética de que una gran pintora sea conocida en el espacio y más allá.

✑ Obras destacadas:

- ***Judith decapitando a Holofernes,*** 1613. Galería Uffizi, Florencia (Italia).
- ***Susana y los viejos,*** 1610. Castillo de Weissenstein, Pommersfelden (Alemania).
- ***Nacimiento de san Juan Bautista,*** 1635. Museo del Prado, Madrid (España).
- ***Autorretrato como santa Catalina de Alejandría,*** 1615-17. National Gallery de Londres (Reino Unido). Esta obra ha sido recientemente adquirida por dicha institución.

Judith decapitando a Holofernes

Clara Peeters

La historia de autorretratarse sin que nadie lo vea

(¿Amberes?, 1580-1621)

Se cree que la más misteriosa de las pintoras flamencas nació y vivió en Amberes, pero no conocemos ningún dato más. Desconocemos quién fue su maestro, cómo fue su formación o su biografía. Podría ser la esposa del pintor Henrick Peeters, o hija del pintor Jan Peeters, pero esto son solo conjeturas. Se dedicó en exclusiva al género del bodegón, considerado un arte menor y por el que muchas mujeres se decantaron para no tener problemas, pues en los bodegones no hay desnudos.

Suponemos que fue una pintora de éxito porque los cuatro bodegones de los que dispone el Museo del Prado y que están expuestos fueron encargos de la corona para decorar el alcázar madrileño.

Pero lo más maravilloso de la escurridiza Clara es que si observamos sus bodegones detenidamente, encontraremos varios autorretratos suyos escondidos en el reflejo de una copa, de un azucarero de metal o en el filo de un cuchillo; una forma muy sutil de autoproclamarse pintora, artista y mujer. Además, estos cuadros nos demuestran el poder de la incipiente burguesía flamenca, capaz de adquirir productos muy caros para la época como las olivas o las naranjas mediterráneas, las cuales se depositaban sobre delicadas vajillas de costosa porcelana. También podemos observar saleros muy pomposos; la sal era un artículo muy lujoso y necesitaba un soporte igual de caro para servirse. Así, a través de la pintura de lo cotidiano, esta artista es capaz de hacernos ver el poder económico de su clientela.

En 2016, Clara Peeters tuvo el honor de ser la **primera mujer protagonista de una exposición monográfica en el Museo del Prado,** y es de las pocas mujeres expuestas en exposición permanente, aunque el museo está en proceso de revisión de fondos para incluir más pintoras.

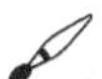 Obras destacadas:

- *Mesa con mantel, salero, taza dorada, pastel, jarra, plato de porcelana con aceitunas y aves asadas,* 1611.
- *Bodegón con flores, copa de plata dorada, almendras, frutos secos, dulces, panecillos, vino y jarra de peltre,* 1611. Museo del Prado, Madrid (España).
- *Bodegón con pescado, vela, alcachofa, cangrejos y gambas,* 1611. Es probablemente el primer bodegón de pescados que se pinta en la historia del arte. Museo del Prado, Madrid (España).
- *Bodegón con gavilán, aves, porcelana y conchas,* hacia 1611. Museo del Prado, Madrid (España).

Bodegón con gavilán, aves, porcelana y conchas

Judith Leyster
La historia de cómo vender falsos cuadros de Frank Hals pintados y firmados por una mujer

(Haarlem, 1609-Heemstede, 1660)

Siendo hija de un cervecero, Judith Leyster se vio obligada a pintar para ayudar en la economía familiar, siguiendo la estela de otra gran pintora flamenca: Catharina Von Hermessen. Fue reconocida maestra de pintura por la Academia de San Lucas de Harleem y durante años regentó un taller exitoso en el que ofrecía retratos y cuadros de escenas domésticas con mujeres en el interior de sus domicilios.

En 1636 se casó con un pintor, Jan Miense Molenaer, y entonces su obra dejó de existir: parece que su marido comenzó a firmar por ella, ya que la mayoría de la obra conocida de la protagonista de esta historia está fechada antes de su matrimonio. Pero el destino a veces hace justicia. En 1893, un coleccionista adquirió un carísimo cuadro de Frank Hals, el maestro holandés, o eso pensaba él. Al encargar una restauración del cuadro adquirido, se descubrió una firma que no correspondía con la del pintor flamenco. El Museo del Louvre descubrió el anagrama-firma de Leyster debajo de la firma de Hals. El escándalo fue abrumador y grandes pinacotecas como el Rijksmuseum tuvieron que admitir el error y devolver a Judith Leyster lo que los estafadores quisieron robar para siempre: su obra.

Entre los museos que conservan obras de Judith Leyster se cuentan el Rijksmuseum de Ámsterdam, el Mauritshuis de La Haya, el Museo Frans Hals de Haarlem, el Louvre de París, la National Gallery de Londres y la Galería Nacional de Arte de Washington D.C.

✍ Obras destacadas:

- *La Serenata,* 1629. Colección del Rijksmuseum, Ámsterdam, (Países Bajos). Óleo atribuido durante siglos erróneamente a Frans Hals.
- *Alegre pareja,* 1630. Museo del Louvre, París (Francia).
- *Retrato de una mujer con cuello de volante y gorra de diadema alada,* 1635. Museo Frans Hals, Haarleem (Países Bajos).

La Serenata

Josefa de Óbidos

De monja novicia a mujer emancipada "legalmente"

(Sevilla, 1630-Óbidos, 1684)

Josefa de Ayala Figueira nació en Sevilla de padre portugués, Baltasar Gómez Figueira, y de madre española, Catalina Camacho. Su padre procedía de Óbigos, Portugal, y llegó a la capital hispalense para ser militar, pero no lo consiguió y terminó trabajando como ayudante en el taller de Francisco Herrera el Viejo, primer maestro de Velázquez y padrino de bautismo de Josefa. Baltasar consiguió aprobar las pruebas para ostentar un taller de pintura, pero parece que, por deudas, se vio obligado a regresar a su patria, quedando Josefa durante unos años al cuidado de su padrino. Con catorce años se reúne con sus padres en Portugal y a los dieciséis ingresa como novicia en el Convento de Santa Ana de Coimbra, donde empezó a realizar obras que le dieron notoriedad en Portugal. En el convento, conocerá y estudiará la obra de Santa Teresa de Jesús; ambas coincidirán en reivindicar a la mujer independiente.

Por hechos desconocidos, Josefa abandona el convento en 1653 y se instala como **pintora profesional** en el taller familiar. En este periodo, trabaja para el Monasterio de Alcobaça, los Jerónimos de Lisboa y para la familia real portuguesa. Al fallecer su padre, abre taller propio y se la considera **"mujer emancipada",** tal como figura en documentos fechados en 1663. Este término jurídico permitía a su titular realizar negocios, firmar contratos y hacer transacciones sin la vigilancia de un hombre.

Vivió independiente toda su vida, nunca se casó y su trabajo remunerado como pintora le permitió amasar una considerable fortuna. Dejó estipulado en su testamento que sus bienes estuvieran siempre en manos femeninas y a su muerte en 1684 los heredaron sus sobrinas.

Se caracterizaba por ser una pintora de bodegones y de retratos con rostros felices que no demuestran sentimientos. Sus caras redondas y sonrosadas con ojos pequeños le hicieron ser muy original, porque se alejaba del gusto imperante del retrato en la época. Sus retratos del "Menino Jesús" también fueron muy alabados en el país vecino.

Obras destacadas:

- ***Cordero pascual,*** c. 1660-1670. Museo Regional de Évora (Portugal).
- ***Isabel Luisa Josefa,*** c. 1689. Museo Nacional de los Coches, Lisboa (Portugal).
- ***La transverberación de Santa Teresa,*** 1672. Cascais, (Portugal).

Cordero Pascual

Elisabetta Sirani

O cómo trabajar a la vista de todos para que vean quien pinta

(Bolonia, 1637-Bolonia, 1665)

Su padre, Giovanni Andrea Sirani, fue ayudante del genio boloñés **Guido Reni** y la pequeña se formó en estos talleres sin poder acceder a academias por el hecho de ser mujer. Precisamente, es en el desnudo donde se le considera más deficiente debido a la ausencia de formación. Con tan solo diecinueve años, se hizo cargo del taller de su progenitor, que se quedó inválido debido a la gota. Tenía una técnica tan exquisita que muchos boloñeses pensaban que eran víctimas de un engaño: era imposible que una mujer pintase tan bien. Entonces, para acallar rumores, Elisabetta abrió las puertas del taller de par en par para que su ciudad comprobara de primera mano que la maestra y pintora era ella. Es famosa por ser muy rápida pintando, pues a pesar de la brevedad de su vida, su catálogo es muy amplio, aunque se servía de la ayuda de sus hermanas Bárbara y Ana María y de otras discípulas y ayudantes mujeres. Ya fuese por lo exótico de su taller femenino o por su belleza, sus cuadros religiosos se pusieron de moda en las cortes europeas.

Se especializó en cuadros de pequeño formato de la Sagrada Familia o el Niño Jesús que se dedicaban a rezos privados, como las estampitas de santos de nuestras abuelas, y a cuadros de relatos bíblicos, teniendo entre sus clientes al Gran Duque Cosme III de Médici.

Falleció con veintisiete años entre acusaciones de envenenamiento por parte de su criada, aunque luego se demostró en una autopsia que la causa real de la muerte fue una úlcera de estómago. Su funeral, que incluyó música y poesía, lo presidió una escultura suya a tamaño natural. Actualmente, los restos de Elisabetta y su maestro Guido Reni reposan juntos en la Basílica de Santo Doménico de Bolonia.

De marzo a junio de 2018, La Galería de los Uffizi de Florencia le dedicó una exposición monográfica: *Pinto y dibujo como un gran maestro: El talento de Elisabetta Sirani.*

🖌 Obras destacadas:

- *Autorretrato,* 1658. Museo Pushkin de Moscú (Moscú, Rusia).
- *Judith con la cabeza de Holofernes,* 1658. Lakeview Museum of Arts and Science, Peoria (EE.UU).
- *Alegoría de la Música,* 1659. Wallraf-Richartz Museum, Colonia (Alemania).
- *Timoclea mata a su violador,* 1659. Museo de Capodimonte de Nápoles (Italia).
- *La Virgen y Ángel de la Anunciación.* Palacio de Liria, Madrid (España).

Autorretrato

Catarina Ykens y Catarina Ykens II
O cómo tener el mismo nombre, pero ser tía y sobrina

Catharina Ykens I (1608-1666): se conoce muy poco de la vida y obra de esta pintora nacida en Amberes, hija de Lucas Floquet, un pintor flamenco dedicado a los bodegones. Se casó en 1635 con Frank Ykens, posible ayudante de taller de su familia y pintor de flores y frutas. Se hizo conocida por pintar guirnaldas de flores en colaboración con otros artistas, técnica muy común de la escuela flamenca y que hicieron muchos pintores. De hecho, Rubens y Brueghel el Viejo hicieron un trabajo a "cuatro manos" de *La Virgen y el Niño en un cuadro rodeado de flores y frutas* (Museo del Prado, Madrid), en el que Jan Brueghel pintó la guirnalda y Rubens las figuras. Solía firmar como Catharina Van Ykens.

Catharina Ykens II (Amberes, 1659-en o después de 1737): sabemos también pocos datos de la segunda Catharina. Era hija del escultor y pintor Johannes Ykens. Solo se conoce que su vida estuvo muy influenciada por el catolicismo, porque se supone que fue una "beguina", es decir, una mujer cristiana que decide juntarse con otras para entregarse a una vida de oración y de trabajo artesano que le permitía mantenerse. Las mujeres que formaban parte de estos grupos no tenían que pronunciar votos como hacen las monjas, ni debían comprometerse de por vida, sino que tenían que aceptar vivir bajo la promesa de pobreza y castidad. Cualquier beguina podía abandonar el grupo de forma inmediata y seguir con su vida. Estos grupos fueron muy numerosos en Flandes y Alemania y vivían en barrios específicos para ellas. Entre 1687 y 1688 figura como *wijnmeestersse* (hija de maestro) en los archivos del gremio de San Lucas de Amberes, o sea que vivía de su trabajo de pintora dentro de su beaterio.

Su obra es de pequeño formato con flores, frutas e insectos a modo de guirnaldas que enmarcan escenas principales de vírgenes o paisajes.

Nos encontramos ante una dinastía de pintoras que se han confundido a lo largo del tiempo por tener el mismo nombre y el mismo estilo.

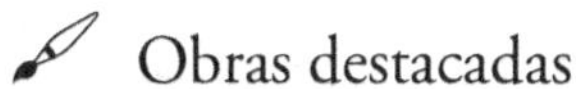 Obras destacadas:

- ***Paisaje dentro de una guirnalda.*** Propiedad del Museo del Prado en depósito en el Museo San Telmo de San Sebastián.
- ***Vanitas.*** Vendido en Sothebys en 1996 de un coleccionista privado y anónimo a otro de iguales características por 22 500 libras. Otra forma de que esta gran pintora siga oculta y desconocida para el gran público.

Vanitas

Paisaje dentro de una guirnalda

El siglo XVIII: el rococó o cómo aprovechar el gusto por lo femenino y delicado

El día del nacimiento de mi hija, no salí de mi taller, y trabajé en mi Venus, que une las alas del Amor, en los intervalos que me dejaban los dolores.
Marie-Louise-Élisabeth Vigée-Lebrun (1790)

En este siglo vamos a encontrar un auge de lo femenino y de lo "delicado". Esta femineidad, cuyo foco fue la corte francesa, enfatizó el encanto, la delicadeza, la finura y el gusto por el detalle como una forma de reforzar las estereotipadas virtudes femeninas. Los hombres depuran su aspecto y comienzan a vestirse de forma primorosa con encajes y ricas telas, siendo su apariencia un escaparate de su propio estatus.

Es por ello, que algunas féminas aprovecharán esta grieta para hacerse enciclopedistas o ilustradas, abriendo salones en sus propias residencias para ofrecer tertulias. Ellas exigieron participar de forma más activa en sociedades reformistas y reclamaron su presencia en las reales academias de todo tipo (historia, lengua, literatura, arte,…) que empezaron a fundarse por toda Europa. Algunas lo consiguieron y otras no, pues llevaban arrastrando muchos siglos de patriarcado y los avances iban poco a poco. Podemos considerar que el siglo XVIII es un **siglo de pintoras.**

Los temas de este estilo son las fiestas galantes y campestres, las historias pastoriles y las aventuras amorosas y cortesanas. Las composiciones son sensuales, alegres y frescas, con predominio de los colores pasteles, suaves y claros, olvidando los oscuros colores tenebristas del barroco.

En España, se funda en 1752 la **Real Academia de Bellas Artes de San Fernando** (RABSF), que admitió mujeres como académicas de mérito, pero sin acceso a cargos o reuniones importantes. Eran "invitadas", pero no anfitrionas, pero poco a poco se fue abriendo el visillo. También se nombran académicas de honor a aristócratas tales como la Duquesa de Huéscar o las marquesas de Estepa y de Santa Cruz. Abramos las puertas del salón y demos paso a las grandes pintoras del rococó.

Rosalba Carriera

O cómo pasar de pintar cajitas de rapé a ser inventora del rococó

(Venecia, 1675-1757)

Es considerada una de las creadoras del nuevo estilo de moda de la época, pues desarrolló la técnica de pintura de colores pastel al mezclarla con *gouache,* que da más opacidad a los colores.

Se inició diseñando patrones de encaje para su madre, dedicada a este negocio típico veneciano. Al decaer este negocio, tuvo la ocurrencia de decorar las cajitas de rapé (tabaco en polvo que consumían los aristócratas hospedados en Venecia realizando el *Grand Tour*, un Erasmus de la época).

En 1705, fue aceptada como académica de mérito por la Academia de San Lucas de Roma por su miniatura sobre **marfil** *Fanciulla con Colomba*, siendo la **primera pintora** en utilizar este material. Estas cajitas le llevaron a trabajar en retratos en Venecia hasta el punto que los turistas extranjeros rivalizaban para que Rosalba los pintara.

En 1720 fue admitida en la Academia de Bolonia. En 1710 se trasladó a París, acompañada de sus hermanas Ángela y Giovanna como ayudantes. Allí recibió numerosos encargos, siendo los más importantes los retratos de Luis XV de niño o los del pintor Watteau. Tras París, realizó viajes a Viena para retratar al emperador Carlos VI y a Polonia para ser profesora de pintura de la reina. Regresó a Venecia siendo la cabeza de familia gracias a su arte. En su vejez se quedó casi ciega por haber pintado tanta miniatura al detalle. Se atrevió a operarse de cataratas dos veces, pero no consiguió volver a ver. Sobrevivió a toda su familia y murió en Venecia en 1757, siendo reconocidísima por todos.

Sus retratos siguen un patrón casi siempre con una pose de busto con el cuerpo ligeramente vuelto y la cabeza girada para dirigirse al espectador. Era muy hábil al representar texturas, telas, galones de oro, encaje, pieles, joyas, el pelo y la piel, haciendo resaltar el suntuoso estilo de vida de sus ricos e influyentes patronos. Su técnica consistía en pintar directamente con el pastel sin un diseño previo.

Obras destacadas:

- ***Autorretrato: Rosalba Carriera sosteniendo un retrato de su hermana,*** 1715. Galería Uffizi, Florencia, (Italia).
- ***África,*** 1673. Gemäldegalerie, Dresde (Alemania).
- ***Autorretrato como Invierno,*** 1731. Gemäldegalerie, Dresde (Alemania).

Mujer joven con una corona de laureles

Anna Dorothea Therbusch
O cómo ser "demasiado buena para ser mujer"

(Berlín 1721-1782)

Fue hija y discípula del retratista barroco Georg Lisiewski, pintor de cámara en la corte del rey Federico Guillermo I de Prusia. Abandonó la pintura durante quince años mientras estuvo casada con el empresario hostelero Friedrich Therbusch, con el que tuvo cuatro hijos; se vio "obligada" a atender a su familia y el negocio familiar. Hacia 1760, abandonó a su marido y retomó su actividad artística siendo nombrada **miembro honorario de la Academia de Artes de Stuttgart.** En 1765 se trasladó a París, donde fue rechazada por la Academia Real de París por ser su pintura "demasiado buena para ser de una mujer". Pero no se acobardó ante el fracaso. Deslumbró a Diderot al retratarle con el torso desnudo (obra desgraciadamente perdida). A raíz de este encuentro, comenzó una relación amorosa con el filósofo que le abrió las puertas de los círculos intelectuales franceses de la ilustración y el enciclopedismo, en los que fue considerada una más.

Tras varias estancias laborales en Holanda, Bruselas y Viena, donde es nombrada académica, se establece en Berlín, lugar en el que será reconocida como la **pintora más importante de Prusia.** Allí llegó a realizar retratos para Catalina la Grande y Federico el Grande destinados a decorar el Palacio de Sansoucci.

Murió en Berlín a los sesenta y un años y fue enterrada en el cementerio de Dorotheenstadt, cuya iglesia fue destruida en la Segunda Guerra Mundial. Curiosamente, su tumba quedo intacta, una forma muy poética de perpetuar su memoria y honrar su existencia.

Curiosamente, de las doscientas obras que componen su catálogo, solo se exponen el 15 %. El resto está guardado en los almacenes de los museos de Berlín, Stuttgart y Múnich.

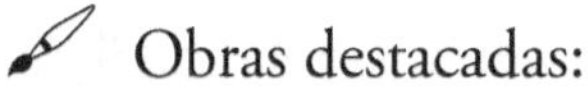 Obras destacadas:

- ***Autorretrato,*** 1777. Gemäldegalerie, Berlín (Alemania).
- ***Elector Karl Theodor del Palatinado,*** 1763.
- ***Júpiter y Antíope,*** 1775.

Autorretrato

Adélaïde Labille-Guiard
O cómo pintar entre el antiguo y el Nuevo Régimen

(París, 1749-1803)

Fue, ante todo, una artista vocacional, hija de un mercero en un barrio cercano al Louvre, donde vivían los artistas más importantes de la ciudad. Desde niña dibujaba y pintores como François-Elie Vincent o Maurice Quentin de la Tour fueron profesores de esta pizpireta aprendiz.

Se casó en 1769 con Louis-Nicolas Guiard, un funcionario, y fue reconocida como **maestra de la pintura de la Academia de San Lucas en 1776.** Siguiendo la estela de Rosalba Carriera, la aristocracia y grandes artistas del momento posaban para ella, pues la conocían desde la infancia. El 31 de mayo de 1783, Labille-Guiard fue aceptada como **miembro de la Real Academia de Pintura y Escultura de Francia.** Ese mismo día también fue aceptada otra pintora: Elisabeth Vigée-Le Brun, de quien hablaremos más adelante. Ambas, junto con Anne Valayer-Coster y Marie Therese Rebourt, son las cuatro únicas pintoras que consiguieron este honor. Cuando esto sucedió, hubo cierta consternación por parte de algunos miembros masculinos, que "sugirieron" al Rey limitar a cuatro el número de mujeres a admitir, esgrimiendo el argumento de que "ellas nunca pueden ser útiles para el progreso de las artes".

Aun así, la artista tenía problemas financieros y decidió dar clase de pintura a niñas, tal como le pasó a ella. Necesitaba entrar en la corte para tener más trabajo y más mecenas. Con esa idea en mente expuso en el Salón de París de 1785 su famosísimo *Autorretrato con dos alumnas,* que le abrió las puertas de Versalles y le convirtió en la retratista oficial de la tía de Luis XVI de Francia, la princesa María Adelaida. Con este patrocinio consiguió una pensión de mil libras y encargos para pintar a la tía y hermanas del rey. Estas damas rivalizaban con la reina María Antonieta por la influencia en la corte. Esta rivalidad familiar hizo que dos pintoras se convirtieran también en competidoras, ya que Marie Louisse Elisabeth Vigeé Lebrun era la pintora oficial de la Reina.

La revolución de 1789 hizo que decayeran los encargos; la mayoría de los nobles habían sido decapitados o habían huido. Consiguió separarse de su esposo en 1777 y se casó de nuevo con su antiguo maestro: François-Elie Vincent. A partir de ese momento comenzó a firmar como "Madame Vincent".

Se adaptó a la nueva política francesa y llegó a retratar a líderes revolucionarios, como Robespierre. Tuvo que vivir entre dos regímenes y ver como alguna obra antigua era destruida, pues los retratos de los reyes eran considerados un vestigio prerrevolucionario. Por suerte, mucha de su producción sigue colgada en palacios y museos franceses, como el del Louvre.

No tuvo hijos, pero consideró hija adoptiva a su discípula favorita, Marie Gabrielle Capet. Vivieron siempre juntas; incluso estando Adélaïde casada con Francois, compartieron vivienda y taller en las dependencias cortesanas del Palacio del Louvre.

 Obras destacadas:

- ***Autorretrato con dos alumnas, Marie Gabrielle Capet y Marie Marguerite Carreaux de Rosemond,*** 1785. Colección del Museo Metropolitano de Arte (MET) (EE.UU). Supuestamente, esta es la primera pintura en mostrar a un profesor con sus alumnos.
- ***Retrato de François-André Vincent,*** 1795. Museo del Louvre, París (Francia).
- ***Retrato de Madame Adelaida,*** (1787).
- ***Augustin Pajou modelando el busto de su profesor Jean-Baptiste Lemoyne,*** (1782). Museo del Louvre, París (Francia).

Autorretrato con dos alumnas, Marie Gabrielle Capet y Marie Marguerite Carreaux de Rosemond

Elisabeth Vigèe Lebrun

O cómo ser retratista de una época y de una reina decapitada

(París, 1755-Louveciennes, 1842)

Nació en París en una humilde cuna. Su padre, Louis Vigée le enseñó la técnica del pastel, ya que vivía de ello. Al fallecer su padre, consiguió abrir su propio taller con solo quince años. En 1776, se casó con Jean-Baptiste Pierre Lebrun, pintor y marchante de arte, para salir de la casa en la que vivía con su padrastro, con quien no tenía buena relación. Con veintitrés años retrató a la Reina por primera vez haciéndose amiga y confidente de esta. Elisabeth contaba a la soberana las muchas penas que le hacía sufrir su marido, que resultó ser un mujeriego y un libertino aficionado a los juegos de azar y las prostitutas; buena parte de las ganancias de esta artista se dilapidaban en estos vicios.

Fue la pintora más popular de Francia en el siglo XVIII. No aparece en los manuales de historia del arte, pero sí en los libros de historia de forma indirecta, ya que retrató a muchos personajes de la corte francesa antes de que estallara la Revolución Francesa. Su pincel inmortalizó a políticos, intelectuales, artistas y religiosos.

La mayoría de los retratos que conocemos de la reina María Antonieta son obra suya; la pintó, por lo menos, en treinta y cinco ocasiones. Llegó a ser elegida miembro de pleno derecho de las diez academias más importantes de Europa. Ya vimos que en la de Francia entró el mismo día que Labille-Guiard, su principal "rival". Afrontó los retratos de corte de una forma natural, lo que hacía que su distinguida clientela se sintiese cómoda posando para ella, plasmándose dicho confort en el lienzo. Sus obras nos muestran posturas suaves y estudiadas que se adelantan a los selfis del siglo XXI.

Tras la detención de la familia real durante las revueltas revolucionarias, se vio obligada a huir de París acompañada de su hija pequeña disfrazadas de campesinas pobres, pues se consideraba monárquica. Aprovechó esta coyuntura para abandonar a su marido. Estuvo unos doce años en el exilio recorriendo cortes de Italia, Austria, Inglaterra, Suiza y Rusia, lo que le sirvió de *"master"* para conocer a los grandes pintores de la época. Tuvo que mantener a su hija con su propio trabajo, ya que su marido fue obligado por las autoridades de la revolución a divorciarse. El exesposo permaneció en Francia y pasó a la historia por ser uno de los fundadores de la más famosa pinacoteca francesa: el **Museo del Louvre.**

Regresó a Francia durante el mandato de Napoleón I y continuó su labor por otras cortes, llegando a retratar a Lord Byron en un viaje a Inglaterra. En 1860 se asentó definitivamente en Francia y recreó a su alrededor un salón que reunía a los mejores músicos y artistas de la época. Incluso llegó a ver restaurados y colgados en el nuevo Museo del Louvre algunos de sus cuadros expoliados durante el Terror.

París rindió homenaje con una gran exposición a una de las artistas más importantes del siglo xviii: El Grand Palais albergó una retrospectiva de ella en 2016. Más de ciento sesenta obras entre óleos, pasteles y dibujos se expusieron de un catálogo amplísimo de más de seiscientos retratos y doscientos paisajes.

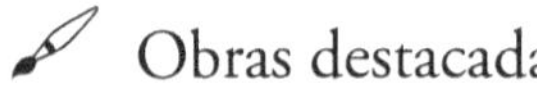 Obras destacadas:

· **Retratos de la reina María Antonieta,** 1783-1792.
· *Autorretrato con su hija,* 1786. Museo del Louvre, París (Francia).

Autorretrato con su hija

Retrato de María Antonieta

Introducción al neoclasicismo

A finales del siglo XVIII, el neoclasicismo surge como reacción contra el dominio del rococó. Su impulso inicial no vino de la mano de los artistas, sino de los filósofos, los representantes de la Ilustración en Francia. **Diderot** y **Voltaire** protestaron contra el relajamiento del estilo rococó y contra el régimen que lo había engendrado. Reclamaban un arte racional, moral y con principios. Pedían un arte dirigido por la razón y no por el sentimiento, en el que la perfección técnica dominara sobre la improvisación y la imaginación.

El descubrimiento de Pompeya y Herculano hacia 1748 hizo que los artistas volvieran a mirar al mundo clásico, poniéndose este de moda. De esta manera, vamos a encontrar composiciones más ordenadas, estables y con predominio del dibujo sobre el color. En esta época primarán colores más ácidos y los tópicos más visitados serán los acontecimientos históricos, como la exaltación de la Revolución Francesa, y los temas mitológicos, que engrandecerán la imagen el pasado griego y romano.

Ahora, las pintoras se van a autorretratar como las grandes heroínas clásicas y como las diosas griegas y romanas. Pasemos a conocerlas:

Angelica Kauffmann
O la Mozart del siglo XVIII

(Coira (Cantón de los Grisones, Suiza), 1741-Roma, 1807)

Era una niña prodigio de la pintura y la música. Su padre, Johann Josef Kauffmann, fue un mediocre pintor austriaco que le guió con los pinceles. Su madre, Cleophea Lutz, se encargó de su formación en idiomas. Angélica hablaba con fluidez alemán, italiano, francés e inglés. Al quedarse huérfana de madre, acompañó a su padre por las cortes europeas y pronto la rica clientela empezó a pelearse por posar para ella. Se hizo muy popular en Italia, donde retrató y guió a los británicos que se encontraban realizando el *Grand Tour*.

Vivió la época del resurgir de lo clásico, por lo que pudo esquivar el tabú de no poder estudiar anatomía por su condición femenina observando la estatuaria clásica que tenía a la vista en Italia. En 1764 fue alabada en Roma por Johan Winckelman, el gran teórico del mundo clásico y neoclásico, como una gran pintora y una gran músico, alabando también su belleza: "Puede considerársela bella". Esta fama le hizo ser nombrada académica de San Lucas en 1765.

En 1766 viajó a Londres invitada por lady Wentworth, la esposa del embajador inglés. A partir de este momento, empezó a ser requerida para pintar a la aristocracia inglesa. Este exceso de trabajo hizo que la artista pasase en Inglaterra dieciséis años. Entre sus grandes amistades inglesas se encontraba el pintor Sir Joshua Reynolds. En 1768 pasó a formar parte del grupo de artistas que **fundó la Royal Academy** junto a la pintora Mary Moser, siendo Reynolds su primer presidente.

Angélica no se conformó con ser una retratista del montón y experimentó con grandes cuadros de pintura histórica, mitológica y de literaria. En el neoclasicismo, el recrear los grandes acontecimientos históricos se puso muy de moda y obligaba al artista a demostrar su talento en lienzos de gran formato con muchos personajes.

En 1767 se casó con un supuesto conde sueco: el Conde de Horn, que resultó ser un buscavidas. Un año después, el tipo la abandonó y se llevó su dinero, pero por suerte no se llevó su obra. Angélica tuvo que seguir pintando para recuperarse de la estafa. En 1781, tras quedarse viuda del "falso conde", contrajo matrimonio con el pintor Antonio Zucchi, un artista veneciano que residía en Londres. El nuevo matrimonio se instaló en Roma, donde mantuvieron un taller a cuatro manos que se convirtió en una visita obligada para cualquier visitante acaudalado en la ciudad.

Falleció en Roma a los sesenta y seis años y el escultor Antonio Canova le organizó un espléndido cortejo fúnebre por toda la ciudad hasta su tumba en la Iglesia de Sant'Andrea delle Fratte, con dos obras suyas en procesión, al parecer inspirado por el entierro del gran Rafael de Urbino. Una forma muy poética de mirar al pasado de un artista renacentista para honrar a una gran pintora neoclásica. Sus obras se conservan en las más importantes pinacotecas del mundo, como el Museo Metropolitano de Arte de Nueva York, el Museo del Prado de Madrid, la Tate Britain, o la National Portrait Gallery de Londres entre otros. En la localidad austríaca de Schwarzenberg (Austria), de donde procedía su familia, existe un museo dedicado a ella.

La pandemia del 2020 nos ha dejado sin la gran exposición monográfica que pretendía honrarla en la Royal Academy de Londres, ya que fue cancelada sin fecha de reinauguración. Esperemos que se reprograme cuando la pandemia del siglo XXI termine.

 Obras destacadas:

- *Ariadna abandonada por Teseo,* 1774. Museum of Fine Arts, Houston (Estados Unidos).
- *Autorretrato dudando entre las artes de la Música y la Pintura,* 1791. Colección St Oswaldo (Reino Unido). Hay otra versión del mismo en el Pushkin Museum de Moscú.
- *Anna Escher von Muralt,* 1800. Colección permanente del Museo del Prado, Madrid (España).

Anna Escher von Muralt

Anna Maria Mengs

O la niña prodigio de una dinastía de pintores

(Dresde, 1751–Madrid, 1792)

Nieta de Ismael Mengs, hija de Antón Rafael Mengs y sobrina de Juliana y Theresa Mengs. De sus tías se conoce poquísimo, solo que Theresa firmaba como Maron, el apellido de su marido. Es de suponer que la niña pintara desde pequeña, pues pertenece a una dinastía de pintores de origen checo que recorrían las cortes europeas trabajando para reyes y aristócratas.

En 1761, Mengs padre, y toda su familia, se traslada a Madrid como primer pintor de Carlos III para decorar el nuevo Palacio Real y el Palacio de Aranjuez. En 1777, Anna María se casó con el grabador español Manuel Salvador Carmona, miembro de la Real Academia de París y Madrid. A pesar de tener siete hijos, Anna María fue nombrada pintora de cámara del Infante don Luis (hermano de Carlos III y de Fernando VI).

En 1790 fue nombrada académica de honor en la Real Academia de Bellas Artes de San Fernando, una forma de reconocimiento a su don de miniaturista. Falleció muy joven y en 1793 la academia le organizó una exposición póstuma a modo de homenaje. Todas sus obras se pueden ver en la Real Academia de Bellas Artes de San Fernando (Madrid, España).

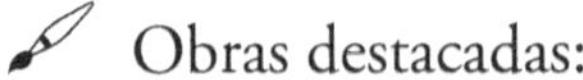 Obras destacadas:

- *Autorretrato de Antón Rafael Mengs.*
- *Manuel Salvador Carmona.* Retrato de su esposo.
- *Retrato de la marquesa de Valdecarzana.*

Manuel Salvador Carmona

Maria Cosway

O cómo mostrar mi enfado en un autorretrato porque no me dejan pintar más

(Florencia, 1760–Lodi, 1838)

Esta pizpireta hija de padre inglés, Charles Hadfield, y de madre italiana tuvo una infancia feliz gracias a que su padre era un exitoso tabernero en la Toscana, lo que permitió a la pequeña formarse con buenos profesores de pintura como Violante Cerroti y Johann Zoffany. También estudió en Roma con Antón Rafael Mengs. Con dieciocho años fue elegida miembro de la **Academia del Disegno en Florencia** en 1778. Un retrato suyo decoraba el corredor vasariano de los Uffizi en Florencia, un honor que solo tienen los artistas más destacados. Al fallecer su padre, se trasladó a Londres y la pintora Angélica Kauffman la ayudó a darse a conocer y a exponer en la recién inaugurada, Royal Academy. Muchos la llegarían a considerar la sucesora de la gran Angélica. Entonces llegó la propuesta de matrimonio del pintor Richard Cosway, un miniaturista veinte años mayor que ella y que le hizo creer que pintarían y trabajarían juntos. Tras la boda, las promesas se esfumaron y le obligó a abandonar su vocación para atender sus obligaciones matrimoniales. Resultado de esta prohibición es su famoso ***Autorretrato con los brazos cruzados,*** una obra que muestra claramente el enfado de la artista por no poder pintar nunca más. Entonces se dedicó a ser anfitriona en los elegantes salones británicos hasta que la presión de sus amistades consiguió levantar el veto marital de la pintura. Pero no consiguió el éxito esperado. Tras ver morir a su hija pequeña, al fin se separó de su esposo.

En París, en 1786, conoció a Thomas Jefferson, en ese momento ministro de Estados Unidos en Francia, con el que inició una relación sentimental antes de que este fuese elegido presidente de los Estados Unidos; mantuvieron una relación epistolar que duró toda la vida. Antes de que Jefferson se marchara de París, le escribió: *I am going to America and you are going to Italy. One of us is going the wrong way, for the way will ever be wrong that leads us further apart.* ("Voy a ir a Estados Unidos y tú a Italia. Uno de nosotros va por el camino equivocado").

Siguiendo los ideales de Napoleón, se instaló en Lyon para dirigir un colegio de señoritas. Más tarde volvió a Inglaterra para enterrar a su exmarido. Sus últimos años los pasó en Italia pintando capillas y dirigiendo cerca de Milán un colegio financiado por el Duque de Lodi: el Collegio delle Grazie que dirigió hasta su muerte.

El colegio sigue en funcionamiento hoy en día. En un siglo dónde había importantes frenos a la formación de las mujeres, María Cosway creó una institución donde además de buena moral y vida social, las niñas aprendían italiano, caligrafía, aritmética, historia y geografía con la intención de que fueran útiles para la sociedad.

De 1995 a 1996, la National Portrait Gallery de Londres organizó una exposición titulada *Richard and Maria Cosway: Regency Artists of Taste and Fashion,* que mostraba doscientas cincuenta de sus obras.

Obras destacadas:

- ***Autorretrato con los brazos cruzados,*** 1787.
- ***La muerte de la señora Gardiner,*** 1789.

Autorretrato con los brazos cruzados

Constance Mayer

O una intensa vida romántica a la sombra de un pintor que le lleva a un final trágico

(Chauny Picardía, 1775-París, 1821)

Fue hija ilegítima, pero reconocida, de Pierre Mayer, un alto funcionario de la administración francesa. Estudió pintura con dos maestros: Joseph-Benoit Sube y

Jean–Baptiste Greuze. Mayer comenzó a pintar retratos de mujeres y niños, escenas domésticas, autorretratos y miniaturas y expuso en el Salón de París un autorretrato que entusiasmó a todo el mundo.

Trabajó en el estudio de Jacques-Louis David en 1801 y en 1802 con Pierre-Paul Prud´hon, pintor favorito de Napoleón, quien se convertirá en su amante, a pesar de estar este casado y ser padre de cinco hijos (su mujer estaba internada en un centro psiquiátrico). Trabajaron tan juntos que muchas de las obras de la pintora se le atribuyeron a él a pesar de ser ella más brillante. Tras veinte años de convivencia sin papeles en los que Constance sufragó la educación de los hijos de él, la esposa de Prud'hon falleció y a pesar de las promesas de que, a la muerte de la esposa, su amante se casaría con ella, la boda no llegó a celebrarse nunca porque la esposa hizo prometer a Prud´hon que nunca se volvería a casar. Mayer se sintió tan desdichada y humillada que se cortó el cuello con la navaja de su amante. Tras la muerte de Proud'hon, sus hijos, que odiaban a Constance profundamente, borraron literalmente las huellas de esta, que no tenía herederos. Suprimieron la firma de la mujer de los cuadros y los atribuyeron a su padre, porque a pesar de que Constance era mejor artista, los cuadros firmados por un hombre se cotizaban más. Al igual que le ocurrió a Judith Leyster dos siglos antes, mucha de la obra de Mayer sigue estando atribuida a un hombre. Como el final trágico de una ópera de Puccini, ambos amantes descansan juntos en el Cementerio del Père Lachaise.

Su obra fue exhibida en una exposición temporal llamada *Una colección imperial: mujeres artistas del Museo Estatal del Hermitage*, en el Museo Nacional de Mujeres Artistas, institución creada en 1981 en Estados Unidos que reconoce los logros de las mujeres en las artes.

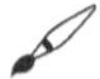 Obras destacadas:

· ***Autorretrato de la artista con su padre,*** 1801. Museo de Arte Wardsworth Atheneum (EE.UU).
· ***El sueño de Venus y Cupido,*** 1806. Colección Wallace.

Autorretrato

Autorretrato de la artista con su padre

Introducción al siglo XIX

El siglo del Romanticismo trajo consigo nuevas normas: se abolirán los gremios y los mecenazgos del Antiguo Régimen y los artistas comenzarán a trabajar en la soledad de un estudio dejando de lado el bullicio del taller familiar. El pintor será libre para crear el tema, la composición, el tamaño del lienzo o los colores, pues no se deberá ya a ningún mecenas que le financie y le frene. Comienzan a abrirse galerías que organizan exposiciones colectivas o individuales para que los artistas contacten con sus futuros clientes. En este siglo aparecerá también la aterradora figura del crítico de arte, capaz de adular o menospreciar a los artistas.

Este contexto servirá únicamente a los intereses de los artistas masculinos, mientras, las mujeres artistas verán como tras el florecimiento artístico del siglo XVIII, el nuevo siglo las relegará una vez más al interior de sus hogares para ser cuidadoras de la moral burguesa; este nuevo patriarcado también las someterá y las forzará a mantenerse puras y sumisas. Empezarán a surgir academias públicas o privadas dirigidas por artistas que formarán únicamente a alumnos hombres. Un buen ejemplo de esto será la École des Beaux-Arts, que no admitía alumnas.

Las mujeres siguieron vetadas en estos centros de formación, que seguirán valiéndose de las excusas manidas, como la distracción a los alumnos si una chica iba a clase, la inmoralidad del estudio anatómico de los desnudos y el arcaico sistema machista de permisos paternos y maritales a los que las pintoras, de nuevo, tuvieron que hacer frente y que, una vez más, frenaron en seco sus carreras. Hay que esperar hasta 1867, año en el que abrirá en París la famosísima Academie Julien, una escuela privada que permitirá a las mujeres realizar los mismos estudios que los hombres. En el plan de estudios de esta academia se incluía el dibujar y pintar modelos desnudos del natural para todo su alumnado.

En el último tercio del siglo, aparecerá en París el movimiento impresionista, caracterizado por su afán de plasmar la luz, el instante y el dibujo al aire libre utilizando colores puros y sin mezclar. También aparece a finales de siglo una nueva técnica artística: la fotografía, como una evolución de los famosos daguerrotipos y que presenta la ventaja de captar el instante sin necesidad de posar para ser pintado. Algunas mujeres, como Julia Margaret Cameron y Jane Clifford, en España, desarrollarán este nuevo tipo de expresión artística.

En España, vamos a encontrar un florecimiento de pintoras parecido al vivido en Francia en el XVIII y muchas autoras se presentarán a las **exposiciones nacionales,** unas exposiciones concurso instituidas por la reina Isabel II celebradas desde la segunda mitad del siglo XIX. Estas exposiciones nacionales ayudaron en el resurgir del arte español, convirtiéndose en una de las citas culturales más importantes del siglo XIX. Los ganadores cedían sus obras al Ministerio de Fomento, el cual era principal valedor de estos premios. El Museo del Prado, tal y como lo conocemos hoy, se fundará en 1819 gracias a una mujer: la reina María Isabel de Braganza.

De este modo, veremos cómo habrá artistas que seguirán pintando bodegones y miniaturas, como Julia Alcaide y María Luisa de la Riva; cómo habrá otras que seguirán siendo pintoras de cámara de la corte, como Emilia Carmena; cómo otras se verán engullidas por el machismo, como Aurelia Navarro; y cómo otras se irán a estudiar a París, como Lluisa Vidal.

Os invito a conocerlas.

Rosario Weiss Zorrilla
O cómo vivir con Goya y que te retrate en su última obra

(Madrid, 1814-Madrid, 1843)

La rumorología del arte la considera hija ilegítima de Goya, siendo cierto que el genio siempre la tuvo un especial cariño y vivió con ella en el exilio.

Era hija de Leocadia Zorrilla, ama de llaves, por lo menos desde 1815, y "última amante" del pintor maño y de "supuestamente" Isidoro Weiss, un judío alemán. Aun hoy se discute si su hija artística está retratada en *La lechera de Burdeos,* el último cuadro pintado por Goya, sordo y enfermo, durante su exilio en Francia. Fue iniciada en las artes por el pintor aragonés y acudió también a la academia de señoritas que el artista Antoine Lacour abrió en Burdeos.

Tras la muerte del genio en 1828, Javier Goya, su hijo y heredero universal, no la tuvo en demasiada buena consideración y solo le dejó en herencia el cuadro de la lechera y mil francos, ya que las familias de ambos se odiaban mutuamente.

Leocadia y su hija regresaron a Madrid en 1833 acogidas a una amnistía decretada para los delitos contra Fernando VII. En Madrid, sobrevivieron malvendiendo el cuadro heredado y gracias al trabajo de Rosario como copista en el Prado y en la Real Academia de Bellas Artes de San Fernando y participando en algunas exposiciones menores.

El empujón definitivo a su carrera lo consiguió en 1840 al ser nombrada académica de mérito de la Real Academia de Bellas artes de San Fernando. Un año después de su nombramiento, se convertirá en maestra de dibujo de las infantas Isabel (futura Isabel II) y Luisa Fernanda, labor por la que recibirá un sueldo de ocho mil reales. Por desgracia, Rosario falleció en 1843 de un ataque de cólera cuando salía de dar sus clases en palacio.

Varios museos guardan en sus fondos obras de ella y podemos encontrar sus pinturas, dibujos y litografías en la Biblioteca Nacional de España, en la Real Academia Española, en el Museo Lázaro Galdiano, en la Real Academia de Bellas Artes de San Fernando, en el Museo del Romanticismo y en el Museo del Prado, que adquirió un dibujo en 2014.

En el año 2018, la Biblioteca Nacional de España le dedicó una exposición titulada *Dibujos de Rosario Weiss (1814-1843)*.

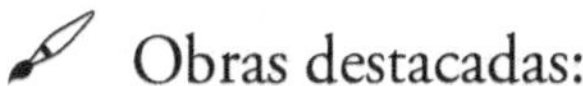 Obras destacadas:

- **Ramón Mesonero Romanos,** 1842. Museo del Romanticismo, Madrid (España).
- **Retrato de Larra.** Biblioteca Nacional de España, Madrid.
- **El duque y la duquesa de San Fernando de Quiroga,** 1836. Museo del Prado, Madrid (España). No expuesto.
- **Retrato de una dama judía de Burdeos,** 1828. Museo del Prado, Madrid (España). No expuesto.

El duque y la duquesa de San Fernando de Quiroga

Rosa Bonheur
O la artista más libre del siglo XIX

(Burdeos, 1822-Thomery, 1899)

Era hija de Sophie Marquis y del dibujante Raymond Bonheur. La familia Bonheur era simpatizante de los Saint-Simonians, una corriente política que promovía la educación igualitaria entre hombres y mujeres, una idea que marcará la vida libre de la futura artista.

Con cuatro años comienza a pintar animales. Solo pintaba, pues tuvo problemas de aprendizaje y aprendió a leer y escribir muy tarde. Sus padres tuvieron buenas relaciones con los españoles exiliados en Burdeos como Francisco de Goya y Leandro Fernández de Moratín. Este último llamaba a Bonheur *ma boule ronde* ("mi bola redonda").

Rebelde desde pequeña, su infancia fue dura, pues fue expulsada de varios colegios. En 1828 se mudó a París con su familia, donde su padre fundó una escuela femenina de dibujo. Con trece años, Rosa dejó dicha escuela y comenzó a ayudar a su padre en el estudio, desarrollando así su vocación. Visitaba asiduamente el Louvre para copiar animales de los grandes maestros, como Rubens y Poussin. Solía frecuentar también mataderos con el fin estudiar directamente y a fondo los músculos de los animales. En 1843 y 1844 obtuvo medallas en la Exposición de Rouen. Expuso por primera vez en el Salón de 1843, obtuvo una medalla de tercera clase en el Salón de 1845 y una medalla de oro en el de 1848.

La obra *Feria de caballos* fue presentado en el Salón de 1853 y le dio fama internacional, pues se hizo una tirada de grabados de la misma. Gracias a su éxito pudo conocer a personalidades como la Reina Victoria, la Emperatriz Eugenia y al Coronel Cody (Buffalo Bill), que le regaló una auténtica panoplia de sioux.

En 1857 obtuvo de la policía la autorización para aparecer en público vestida con pantalones para no ser molestada mientras trabajaba, ya que necesitaba ropa cómoda para tomar apuntes del natural en las ferias de ganado que visitaba. Se convirtió también en una de las primeras defensoras del mundo animal.

En 1865 recibió a la **Legión de Honor** francesa gracias a la intercesión y contactos de Eugenia de Montijo, Emperatriz de Francia, siendo la **primera mujer** en conseguirla. Participó con diez obras en la Exposición Universal de París de 1867 y en la Exposición Universal de Londres de 1871. Con sus ingresos consiguió comprarse un castillo en By, donde vivió su reconocida y abierta homosexualidad junto con sus dos parejas importantes, ambas pintoras: Nathalie Micas y Anna Elizabeth Klumpke, con la que vivió hasta su muerte en 1899 y quien fue su heredera universal. Para lo patriarcal que era el siglo XIX, su vida no fue un gran escándalo pues todos consideraban a Rosa una "rarita excéntrica" y la "dejaron hacer".

Su amigo y marchante Ernest Gambart, donó el retrato de un león apodado "El Cid" al Prado y la pintora recibió posteriormente la Orden de Isabel la Católica en agradecimiento. Este cuadro estuvo almacenado durante ciento cuarenta años hasta que una campaña reivindicativa en Twitter llamada "una Rosa para el Prado" consiguió en 2019 que la obra formara parte de la exposición permanente.

Sus hermanos también fueron artistas: Auguste Bonheur fue pintor de paisajes y animales; Isidore Bonheur, escultor y Juliette Bonheur, pintora de animales.

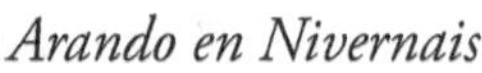 Obras destacadas:

- ***Arando en Nivernais,*** 1849. Museo de Orsay (París, Francia).
- ***La feria de caballos,*** 1852. The Metropolitan Museum of Art.
- ***El Cid,*** (1879). Museo del Prado (Madrid, España).

Arando en Nivernais

El Cid

Marie Bracquemond

O cómo pasar de utilizar flores como pigmento al impresionismo

(Landunvez 1840–Sèvres, 1916)

Nació en la Bretaña francesa en una familia ajena a la pintura. Según detalla su amiga Berthe Morissot, sus aptitudes se descubrieron al regalarle a su madre un dibujo en el que usó flores y pétalos como colorante del mismo. De ahí paso a la caja de acuarelas y a dar clases con un pintor local. Con diecisiete años participó en el Salón de 1837 y llamó la atención de Jean-Auguste Dominique **Ingres,** que le formó en el dibujo más académico a pesar de las reticencias que tenía este pintor hacia sus alumnas, pues las limitaba a pintar flores, bodegones, retratos y escenas propias de señoritas. Trabajó de copista en el Museo del Louvre y allí conoció a Félix Bracquemond, un famoso grabador seguidor de la escuela realista e introductor del japonismo en Francia; se casó con él en 1869 y tuvieron a su hijo Pierre en 1870.

Gracias a este matrimonio, Marie pudo conocer a un gran número de artistas, como Manet, Degas y Fantin-Latour, Sisley, Monet y Pisarro. Monet le animó a dejar los tonos oscuros utilizados por Ingres y a que se acercara al impresionismo y a la pintura al aire libre. Siguiendo a los impresionistas, expondrá con ellos en sus propias exposiciones en 1879,1880 y 1886.

Pero pronto las discrepancias sobre cómo entender la pintura surgieron en el matrimonio. El esposo seguía y admiraba a pintores realistas mientras la esposa seguía a sus amigos impresionistas.

En 1880 presenta tres obras en la Quinta Exposición Impresionista con bastante éxito, a pesar de las reiteradas críticas de su esposo y su círculo de amistades. Este maltrato sistemático hizo que la pintora se fuese distanciando poco a poco de sus amigos y que dejase de pintar. Mientras ella se iba escondiendo más en su hogar, Félix Bracquemond era más famoso hasta el punto de conseguir el nombramiento de Oficial de la Legión de Honor y la Medalla de Honor de la Exposición Universal de 1900.

Su hijo Pierre reivindicará la obra de su madre a los tres años de fallecida, organizando una exposición en la Galerie Berheim-Jeune de París. En esta exposición se mostraron noventa pinturas de la artista, treinta y cuatro acuarelas, veintitrés dibujos y nueve grabados.

Aún hoy en día es complicado catalogar su obra, pues casi toda ella se encuentra en colecciones particulares y muy dispersa.

 Obras destacadas:

- ***La Dama de Blanco,*** 1889. Museo de Orsay (París, Francia).
- ***La golondrina,*** 1880. Musée du Petit Palais (París, Francia).

· ***En la terraza de Sévres,*** 1880. Musée du Petit Palais (París, Francia).

En la terraza de Sévres

Estas son las tres obras que hizo para la última exposición impresionista a la que se presentó. Puede observarse en ellas el dominio que tiene del color blanco, pues fue uno de los colores que más investigaron los impresionistas, llegando a conclusiones muy interesantes: los colores cambian según los tonos que tienen a su lado, y los blancos siempre están coloreados con reflejos que forman masa de colores si se ven en la distancia.

Berthe Morisot

O cómo ser una gran artista a pesar de ser conocida como descendiente de Fragonard y cuñada de Monet

(Bourges, 1841-París, 1895)

Esta descendiente del pintor Fragonard, es su sobrina-nieta, nació en una familia burguesa que se trasladó a vivir a París cuando Berthe tenía siete años. Su formación pasa por la música, gracias a Rossini, amigo de la familia, y por la pintura gracias a Corot, que enseña a la joven y a su hermana Edna la novedosa técnica *plein-air,* o pintura al aire libre. Las hermanas participarán en el Salón de París de 1864. En 1868 conoce a Manet mientras copiaba un cuadro en el Louvre. Este encuentro fue decisivo para su carrera, pues le lleva a los círculos impresionistas. Ambos llegaron a tener una relación de amor platónico, pues Manet ya estaba casado y no quería comprometer ni a su mujer, ni a su pupila. Entonces, la pintora se casó con Eugéne Manet, el hermano del pintor en 1874. Eugène era pintor aficionado y estaba muy introducido en los ambientes literarios y políticos, y apoyó siempre la carrera artística de su esposa ayudándola en la organización de sus exposiciones.

Entre 1874 y 1886, Berthe participó en todas las exposiciones de este nuevo e innovador grupo de artistas que rompía con las reglas establecidas de la tradición.

Su estilo se fue definiendo al conseguir captar en la tela las "impresiones" de la vida familiar, en escenas de interior y al aire libre con una pincelada muy espontánea y suelta. Fue una artista muy reconocida en vida, estando entre su variada clientela artistas como Degas, Monet o Sisley.

Tras la muerte de Édouard Manet en 1883, organizó una exposición homenaje ayudada por Claude Monet, Émile Zola y otros artistas.

Morisot expuso también en Londres y en Nueva York de la mano de Durand Ruel, en la American Art Association en 1886, mostrando el impresionismo en América por vez primera y alcanzando un gran éxito que nadie esperaba en una mujer pintora.

Falleció a los cincuenta y cuatro años de una congestión pulmonar. Está enterrada en el panteón familiar del cementerio de Passy en París, junto a su marido Eugène y su admirado cuñado Édouard Manet.

Un año después de su muerte, sus amigos Degas, Renoir, Monet y Mallarmé, organizaron la primera exposición retrospectiva de su obra reuniendo trescientas ochenta de sus pinturas y rindiendo tributo a su gran talento.

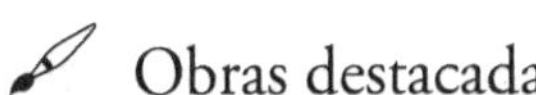 Obras destacadas:

- *La cuna,* (1872) Museo de Orsay (París, Francia).
- *Mujer en su baño,* (1875-1880). Art Institute (Chicago, EEUU).
- *En el balcón,* (1871). Colección particular.

La cuna

Mary Cassat

O cómo exportar el impresionismo de Francia a Estados Unidos.

(Pensilvania, 1844-Le Mesnil-Théribus, 1926)

Nacida en Pittsburg en una familia de origen francés, su padre se opuso a su vocación, pero la insistente Mary se matriculó en la Academia de Bellas Artes de Filadelfia, la más famosa de Estados Unidos. Sus muchos viajes fueron una parte muy importante de su educación. Así, Mary pasó cinco años en Europa aprendiendo alemán, francés e inglés. Seguramente, su primer contacto con los artistas franceses Ingres, Delacroix, Corot y Courbet fuera en la Exposición Universal de París de 1855. En la exposición estuvieron también Degas y Pissarro, quienes luego serían sus amigos. En 1866 se trasladó a París y, aunque aún las mujeres no podían asistir a la École des Beaux-Arts, solicitó recibir clases particulares con maestros de la escuela, siendo aceptada para estudiar con Jean-Léon Gérôme, profesor muy conocido por su técnica realista y su tratamiento de temas exóticos. Cassatt complementaba su formación como copista en el Louvre . En 1868 se convirtió la **primera estadounidense en exponer en el Salón de París,** cosa que hará durante varios años sucesivos.

En 1877 Degas la invita a exponer con los impresionistas, cosa que le permitió pintar de forma libre y sin academicismos. Degas influyó mucho en Cassatt: al enseñarle el uso del pastel conseguirá que muchas de sus obras estén realizadas con esta técnica. Degas también le introdujo en el grabado, del que era un gran maestro. Siendo considerada un miembro más de los impresionistas, volverá a exponer con ellos de 1879 a 1886. Este último año, sus cuadros formarán parte de la primera exposición impresionista en Estados Unidos.

Llama la atención que, en una pintora soltera, independiente, sin descendencia, sufragista y republicana el tema principal de su obra sea el de la madre con el hijo. Pero este tema recurrente no lo representa de una forma tradicional, sino reivindicando la independencia de las mujeres en la intimidad de sus hogares, de su maternidad, o de sus cuartos de baño.

Cassatt también es la responsable de la introducción del impresionismo en Estados Unidos. En 1886, acompañada del marchante Charles Durand-Ruel, desembarcó en América con trescientos cuadros de Manet, Monet, Degas o Sisley, que grandes fortunas como los Rockefeller o los Carnegie adquirieron en su mayoría. Tras fallecer estos magnates, los cuadros se cedieron a los grandes museos estadounidenses, siendo esta la razón por la que existe tanta obra impresionista en Estados Unidos.

Se quedó ciega en 1914 y falleció a los ochenta años en el castillo francés de Beaufresne, propiedad que consiguió adquirir gracias a sus ingresos como pintora.

 Obras destacadas:

- *El baño del niño,* 1893. The Art Institute of Chicago (EE.UU).
- *Niña en un sillón azul,* 1878. National Gallery of Art, Washington D.C. (EE.UU).
- *Joven madre cosiendo,* 1902. Metropolitan Museum of Art, Nueva York (EE.UU).

El baño del niño

Julia Alcayde

O una chica asturiana exponiendo con el joven Picasso

(Gijón,1855-Madrid, 1939)

Nacida en Gijón, se traslada a Madrid, debido al trabajo de su padre militar, y comienza a pintar de forma autodidacta, y después de forma reglada en la Real Academia de Bellas Artes de San Fernando, donde destaca en las técnicas del óleo, acuarela y pastel. Gracias a su posición social, seguirá con su vocación sin problemas y conocerá a los intelectuales de la época, como Emilia Pardo Bazán y Benito Pérez Galdós.

Desde 1867 se presentará anualmente a las exposiciones nacionales, obteniendo varias segundas y terceras medallas. Como curiosidad, cabe destacar que en la exposición de 1867 también se presentó un joven aprendiz de dieciséis años llamado Pablo Ruiz Picasso, en cuya obra de concurso, *Ciencia y caridad,* de estilo realista, todavía no hay vestigios del estilo que le hará famoso. Asimismo, participó en las exposiciones internacionales de Chicago de 1893, Bruselas de 1910, Buenos Aires y Roma de 1911 y Múnich de 1913.

Aunque convivió con las vanguardias del fin del xix y principios del xx, fue fiel a su estilo realista cultivando el tema del bodegón, escenas de caza y retratos, tópicos en los que se encontraba cómoda y tenía una reconocida clientela.

En la reciente exposición temporal *Invitadas,* del Museo del Prado, se han expuesto obras suyas.

Obras destacadas:

- ***El puesto de mi calle,*** 1899.
- ***Autorretrato,*** 1903. Casa Museo Natal de Jovellanos, Gijón (España).
- ***Frutas,*** 1911. Museo del Prado, Madrid (España). No expuesto.

Frutas

Elena Brockman de Llanos

O la burguesa que "pintaba como un hombre"

(Madrid, 1865-Madrid, 1946)

Esta madrileña fue la cuarta hija de los ocho vástagos del matrimonio de Leopoldo Brockman, ingeniero de caminos y de Isabel Beatriz de Llanos. El pertenecer a una familia acaudalada propició su matriculación en la Real Academia de Bellas Artes de San Fernando y su posterior curso de postgrado en Roma, donde José Benlliure y Joaquín Sorolla fueron sus maestros.

En 1887 presenta a la Exposición Nacional de Bellas Artes tres obras: *El patio de un parador, La vuelta de la caza* y *La chochara,* que le dan a conocer pese a que el reglamento de la exposición impedía premiarla. En 1892 se presenta a la exposición Nacional de Pintura con la obra *Paso de una procesión por el claustro de San Juan de los Reyes,* que fue premiada y adquirida por el Estado. En esta obra demuestra su talento y maestría para pintar arquitecturas y composiciones bastante complejas y con muchos personajes en temas históricos, tópico considerado "poco femenino". Estas exposiciones le hicieron ser aclamada, hasta el punto que el famoso crítico Fernán Flor dijo de ella que "pintaba como un hombre", siendo esta, por aquel entonces, la forma más igualitaria de describir a una pintora, pues ya sabemos que a las artistas se les tenía en menor estima que a sus compañeros.

Es una pintora que fue muy conocida por sus méritos y talentos y que también se mantuvo fiel a su estilo sin incluir en sus obras las vanguardias del final del XIX. Además, cuenta con el honor de ser una de las pocas artistas que tienen obra expuesta en el Museo del Prado en la exposición *Invitadas* del 2020. Pese a esto ha quedado excluida de la reorganización de las salas del XIX realizada este verano.

Obras destacadas:

- ***El patio de un parador,*** 1887. Museo del Prado, Madrid (España). En depósito en el Museo Municipal de San Telmo de San Sebastián.

- ***Procesión que pasa por el Claustro de San Juan de los Reyes, Toledo.*** 1892. Museo del Prado, Madrid (España). En depósito en el Rectorado de la Universidad de Granada.
- ***Felipe II recibiendo noticias de la pérdida de la Armada Invencible,*** 1895. National Museum of Women in the Arts, Washington D.C. (EE.UU).

Procesión que pasa por el Claustro de San Juan de los Reyes, Toledo

Suzanne Valadon

O la artista de circo que fue la primera en pintar desnudos masculinos

(Bessines-sur-Gartempe, 1865 - París, 1938)

Nombrada de niña como Marie Clementine Valade, esta hija de lavandera y padre desconocido se instaló con su madre en Montmartre, un barrio humilde de París, para buscarse la vida. No tuvo acceso a los estudios y a los dieciséis años comenzó a trabajar de acróbata en un circo. Allí conoció al pintor Henri de Toulouse-Lautrec, quien le rebautizó con el nombre con el que ha pasado a la historia: **Suzanne Valadon.** Una caída en el *show* circense en el que participaba le hizo tener que buscar un nuevo sustento: posar como **modelo** para los pintores que vivían en su mismo barrio: Edgar Degas, Henri de Toulouse-Lautrec, Pierre-Auguste Renoir y Pierre Puvis de Chavannes. Estos pintores le acogieron en su pandilla y en sus obras, siendo retratada en multitud de cuadros como en *La Bebedora* de Toulouse-Lautrec, en sus juergas nocturnas y en sus camas. Entre sus romances hubo numerosos impresionistas, y **Suzanne** fue el único amor conocido del músico **Erik Satie,** que acabó destrozado porque ella no le correspondía. Esta vida bohemia y desenfrenada provocó que Suzanne se quedara embarazada con dieciocho años. Existiendo varios candidatos a ser el padre de la criatura, sería el pintor catalán Miguel Utrillo el que reconocería al bebé como propio. Este bebé será el pintor Maurice Utrillo (pintor de entreguerras y alcohólico a partes iguales).

Sus amigos bohemios le daban clases de pintura y gracias a ellas fue consiguiendo un estilo propio basado en la observación en el que ella es la modelo y la pintora. Además, en 1894, Suzanne Valadon fue la primera mujer en administrar la Société Nationale des Beaux-Arts.

Se casó en 1896 con el agente de cambio y bolsa Paul Moussis y llevó, desde entonces, una vida burguesa hasta que trece años después se separó de él. Paul se enteró de que su mujer tenía una relación con un amigo de su hijo: el pintor André Utter, el cual era veinte años más joven que ella y se convirtió en su segundo esposo. Tras este matrimonio, se hizo cada vez más famosa, debiéndose gran parte de su celebridad a que fue la **primera artista que pintó hombres desnudos** sin tabúes ni remordimientos. Su obra *Adán y Eva* es un autorretrato de la pareja: Adán es André Utter y Eva la misma Suzanne. Además, es este el **primer cuadro pintado por una mujer que muestra un desnudo masculino y femenino en el mismo lienzo.** Tanto desnudo chocó con la Société Nationale des Beaux-Arts, que le obligó a cubrir las desnudeces de Utter con unas guirnaldas de hojas; curiosamente, el desnudo de Eva no fue motivo de escándalo. Nada le importó a la libre pintora que se atrevió a seguir retratándose desnuda incluso con setenta años.

Fue una autora muy prolífica que realizó composiciones de figuras femeninas en su mayoría, además de paisajes, pinturas de flores, retratos de su familia, su entorno, sus amigos, sus perros, etc. Solía servirse de una paleta de colores vivos e intensos que no dejan indiferente a nadie. Fue siempre un alma libre, caprichosa y extravagante. Tenía un estudio donde alimentaba a sus gatos con caviar los viernes y una cabra para que "se comiera sus malos dibujos". La libre Suzanne murió en 1938 rodeada de sus amigos pintores André Derain, Pablo Picasso y Georges Braque y fue enterrada en el cementerio de Saint-Ouen.

Obras destacadas:

- ***Adán y Eva,*** 1909. Centre Pompidou, París (Francia).
- ***Retrato de familia,*** 1912. Centre Pompidou, París (Francia).

Retrato de familia

Hilma af Klimt

O la que descubrió del arte abstracto antes
que Kandinsky. Una mujer del siglo XIX
representante de las vanguardias
del siglo XX

(Solna, 1862-Danderyd, 1944)

Hija de un almirante sueco, entre 1882 y 1887 se formó en la Real Academia Sueca de las Artes, donde aprendió las técnicas del retrato y el paisaje. Es de la primera generación de pintoras europeas que se formó en arte de forma reglada y académica que pudo vivir de su obra figurativa.

Siempre estuvo interesada en el esoterismo, especialmente tras el fallecimiento de su hermana de diez años. Hacia 1896 creó junto con otras cuatro amigas "El círculo de las cinco", donde se reunían para practicar escritura y pintura automática en sesiones espiritistas, siguiendo los mensajes que recibían de unos espíritus a los que llamaban los "Altos Maestros". Estos espíritus les hicieron un encargo: mostrar lo que habían visto del mundo espiritual durante las sesiones. Las otras artistas se asustaron y abandonan el proyecto, pero Klint trabajó en la serie *Los cuadros para el templo,* **la primera serie de obras abstractas,** iniciada en 1906 y terminada en 1915, compuesta por 193 trabajos.

En 1908 conoció a Rudolf Steiner, miembro de la Sociedad Teosófica y fundador de la antroposofía. Cuando Steiner vio su obra le recomendó no mostrarla durante cincuenta años arguyendo que el mundo no estaba preparado para ello. La artista le hizo caso y ocultó estas obras en un trastero dedicándose desde entonces a pintar temas más normales para poder subsistir mientras mantenía en secreto sus "otras obras más íntimas". Además, este hecho coincide con la retirada de la artista para cuidar a su madre dependiente y ciega. En 1912 retoma este trabajo, terminándolo en 1915. Estas obras crean un mundo nuevo, onírico, geométrico y simbolista donde el círculo, la curva y la espiral con uso de colores sutiles y contrastados intentan explicar el mundo interior de la artista.

En 1920, tras el fallecimiento de su madre, viaja a Suiza para reencontrarse con Rudolf Steiner y unirse a su Sociedad Teosófica. En cuanto a la pintura, hizo una serie de obras sobre las religiones del mundo. En 1925, abandonó la pintura para dedicarse a la teosofía por completo, cosa que hizo hasta 1944, año en el que murió en un accidente de tráfico.

Los cuadros abstractos de Klint no fueron conocidos hasta 1986, ya que en sus últimas voluntades indicó a sus herederos que sus obras no fueran expuestas hasta al menos veinte años después de su muerte. De este modo, la primera vez que se pudo contemplar su "obra oculta" fue en 1986 en la exposición *The Spiritual in Art: Abstract Painting 1890-1985,* en Los Ángeles County Museum of Art. Pero hasta 2013 no se pudo conocer la totalidad de su legado, pues fue en el año anterior cuando el director del Moderna Museet de Estocolmo recibió en su despacho unas cajas de madera de parte de sus herederos, en las que había óleos y acuarelas, junto a extraños diagramas matemáticos, y unos 15 000 cuadernos que documentaban su proceso creativo. Estas cajas son la base de la retrospectiva de Hilma af Klint en el Moderna Museet de Estocolmo y lo que fundamenta la puesta en duda de la historia oficial del nacimiento de la abstracción. Como vemos, creó sus primeros cuadros abstractos en 1906, antes que Wassily Kandinsky, al que se le considera el padre de la abstracción, que no publicó *De lo espiritual en el arte* hasta 1911. Esta muestra sueca viajó por varios sitios y pudo verse en el 2014 en el Museo Picasso de Málaga.

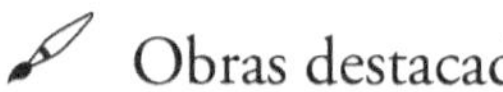 Obras destacadas:

· ***Altar n.º 1,*** 1915. Temple Moderna Muséet, Estocolmo (Suecia).

Altar n.º1

Lluisa Vidal

O la primera pintora española que se fue sola a París a formarse en la Academia Julian

(Barcelona, 1876–Barcelona, 1918)

Vidal nació en Barcelona en 1876 en una familia burguesa, acomodada, culta, relacionada con el ambiente modernista y muy numerosa, pues la componían doce hermanos.

Siempre contó con el apoyo de su familia; su padre, Francesc Vidal, fue un famoso diseñador de muebles y ebanista, que hizo que su hija estudiara arte y música con los mejores profesores, entre los que se encontraban los compositores Enrique Granados, Isaac Albéniz y Pau Casals, que sería su cuñado.

Siendo adolescente, Lluisa acompañó a su padre al Escorial para poner el marco del *Retrato de Felipe II* de la pintora Sofonisba Anguissola, entonces atribuido a Sánchez Coello. Estudió pintura con Arcadi Mas, fundador de la escuela luminista de Sitges y en 1898 hizo su primera exposición en los Quatre Gats, un café-galería que impulsó el modernismo catalán; fue la única pintora que expuso en él.

En 1901 se trasladó a París para seguir formándose en la Académie Julian y en la de Georges Humbert, maestro de Zuloaga, Rusiñol y Casas, siendo la **primera española en irse sola a estudiar a París.**

Es importante indicar que durante su "Erasmus" en París también contactó con los movimientos feministas europeos que reclamaban el voto femenino y con los editores de *La Fronde 19,* un diario escrito e impreso únicamente por mujeres profesionales.

Al volver a Barcelona, se afilió al grupo de feministas católicas lideradas por Carme Karr. Afincada en esta ciudad ilustrará la revista *Feminal,* uno de los primeros periódicos feministas en España, durante varios años. También atenderá el Instituto de la Cultura y la Biblioteca Popular para la mujer, una organización que formaba a mujeres jóvenes de la clase obrera.

Sus composiciones son escenas costumbristas y cotidianas de la mujer modernista, muy del gusto de la burguesía catalana, que le permitirán vivir de su obra. Ya casada con Manuel de Montoliu, sin contar con la aprobación de ambas familias, abre una academia de pintura en la Calle Grande de Gracia, que compagina con su labor pictórica, lo que le permite vivir de su obra y de sus clases hasta su muerte a causa de la pandemia de gripe española en 1918.

El crítico Cirici Pellicer afirmó que la autora aportó al modernismo una visión femenina bastante parecida a la que Berthe Morisot otorgó al impresionismo en Francia.

Después de su muerte cayó en el olvido y, aprovechando la calidad de sus pinturas, varias veces se ha cambiado la firma de sus obras por la de artistas como Ramón Casas, más cotizados en el mercado.

En las últimas décadas, se han hecho estudios de su vida y obra para recuperar y hacer justicia a esta figura del modernismo catalán. En el 2016, el Museo Nacional de Arte de Cataluña le hizo una exposición retrospectiva y también se expuso obra suya en la exposición *Invitadas* del 2020. Las tres obras que se remarcan a continuación pertenecen al Museo Nacional de Arte de Cataluña pero siguen en los depósitos sin ser expuestos.

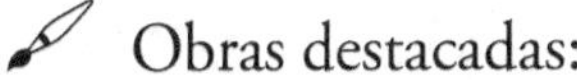 Obras destacadas:

- · ***Retrato de Carlota Vidal,*** 1906.
- · ***Autorretrato,*** 1935.
- · ***Las amas de casa,*** 1905.

Autorretrato

Emilia Carmena Monaldi
O la pintora de cámara de la Reina Isabel II

(Madrid, 1823-Madrid, 1900)

Emilia era hija del empresario Juan Escribano Carmena y de la italiana Luisa Monaldi Mancini. Se desconoce su formación anterior a 1844, año en el que participa en la exposición de la Real Academia de Bellas Artes de San Fernando con varias obras. En 1848 expone varias obras en el Liceo Artístico y Literario de Madrid.

Su boda con Alejandro Prota y Boasi le cambiará la vida, pues su esposo era secretario honorario de su Majestad y apoderado general del Duque de Alba. Este marido influyente hará que en, 1850, Emilia sea nombrada primero profesora de pintura de las infantas Cristina y Amalia y posteriormente, pintora de cámara de la Reina Isabel II. A partir de ese momento, se la empezó a conocer con su firma de casada: Emilia Carmena de Prota. Se sabe por los registros que solicitaba préstamos de obras del Museo del Prado para las clases de sus ilustres alumnas. También se encargó de restaurar el Convento de las Dominicas Recoletas de la Purísima Concepción en Loeches, el cual había quedado muy dañado por los saqueos de la Guerra de Independencia. Para este encargo realizó cincuenta y dos pinturas que, tristemente, otra guerra, la Civil, terminó destruyendo.

Falleció el 25 de mayo de 1900 a consecuencia de una neumonía.

 Obras destacadas:

- ***Retrato post mortem del infante Luis,*** 1850. Palacio Real de Madrid (España).
- ***Retrato de su madre Luisa Monaldi.*** Convento de Dominicas de Loeches (España).
- ***Juan Antonio Martínez Alcobendas,*** 1854. Museo del Prado, Madrid (España). No Expuesto. Esta pintura estuvo erróneamente atribuida a Emilio Carmona de Rota, un pintor "fantasma" debido a la pésima grafía de la firma, hasta que fue identificada por la investigadora Concha Díaz Pascual de Emilia Carmena de Prota. Nótese el parecido entre los dos nombres.

Juan Antonio Martínez Alcobendas

Aurelia Navarro

O cómo autorretratarse desnuda en España y terminar purgando la osadía en un convento

(Granada, 1882-Córdoba, 1968)

Hija de un médico, pertenecía a una familia granadina adinerada. Se formó en la Escuela de Artes y Oficios de Granada y fue pensionada en Madrid por la Diputación Provincial de Granada.

Se presentó a las Exposiciones Nacionales de Bellas Artes en 1904 con tan solo veintidós años y obtuvo una mención de honor por su *Sueño tranquilo,* estando presidido el jurado por Joaquín Sorolla. En 1906, su autorretrato *Retrato de señorita,* obtuvo la tercera medalla del jurado. En 1908 consiguió otra tercera medalla por el cuadro *Desnudo femenino,* que recibió muchos elogios por ser la **primera pintora que se autorretrató desnuda en un lienzo** inspirado en *La Venus del espejo* de Velázquez. Demostró con ello que sabía pintar desnudos igual de bien que un hombre. Su estilo se basaba en figuras femeninas en la intimidad de su hogar con pinceladas sueltas y colores pastel.

Su conservadora familia consideraba que el ambiente artístico madrileño no era propicio para su hija y le reclamaron que regresase a la casa familiar. Estas presiones le hacen ingresar en 1923 en el Convento de las Adoratrices de Granada, para "purgar" la osadía de querer ser artista, reduciendo su producción a obras religiosas.

Es curioso destacar que en la exposición de 1908 también recibió una mención especial la artista María Blanchard, que será conocida como la primera pintora cubista española. Estas dos jóvenes de la misma generación evolucionaron de forma distinta: una terminó en un convento y la otra triunfando en París.

La necesaria exposición *Invitadas,* dio a conocer parte de la obra de esta artista muy olvidada.

 Obras destacadas:

- ***Sueño tranquilo,*** 1904.
- ***Desnudo de mujer*** 1908. Diputación de Granada (España).
- ***Joven con mantón,*** 1905. Colección Ignacio Navarro.
- ***Santísimo sacramento,*** 1915. Iglesia de Nuestra Señora del Perpetuo Socorro, Granada (España).

Desnudo de mujer

Introducción al siglo XX

Mujeres artistas. No existe nada ni nadie que se pueda definir así. Es una contradicción tan evidente como hombre-artista o elefante-artista. Puedes ser mujer y ser artista: pero lo primero no lo puedes evitar y lo segundo es lo que eres en realidad.

Dorothea Tanning

Las dos guerras mundiales provocaron un clima tenso e inestable, pero el progreso científico y tecnológico trajo avances como el automóvil, el avión, la televisión o la llegada del hombre a la Luna.

Estos cambios provocaron gran impacto en la sociedad, surgiendo como consecuencia varios movimientos dispuestos a experimentar nuevas formas hacer arte. Estos movimientos son las vanguardias artísticas que se se desarrollarán hasta mediados del siglo XX: el fauvismo, expresionismo, futurismo, dadaísmo, abstracción, surrealismo, neoplasticismo, hiperrealismo, *pop art* y cubismo.

Estos aires nuevos permitirán a las artistas sentirse libres y comprometidas, viviendo atrevidas historias amorosas y sexuales, incluyendo el lesbianismo y la bisexualidad de forma abierta, y considerando a sus compañeros iguales que ellas, a pesar de que ninguna de ellas llego a liderar ninguno de los "ismos".

En España, habrá que esperar a que finalice la dictadura. Muchas artistas españolas murieron en el exilio por sus coqueteos con las políticas de izquierda contrarias al bando vencedor de la Guerra Civil y dominante hasta la muerte de Franco.

Un hito importante en la visibilidad y reconocimiento a las mujeres artistas es la apertura en 1981 del **Museo Nacional de Mujeres Artistas** en Washintong DC, creado por el matrimonio Holladay. Este matrimonio descubrió los bodegones de Clara Peeters en un viaje por Europa y comprobaron que los estudios de historia del arte no incluían mujeres, decidiéndose por ello a abrir esta institución privada. La colección permanente actualmente contiene obras de casi mil artistas incluyendo a Lavinia Fontana, Mary Cassatt, Frida Kahlo, y Élisabeth Louise Vigée-Le Brun.

Otro hito reivindicativo de la presencia de la mujer en las artes es la creación en 1985 del grupo llamado **"Guerrilla Girls"**: grupos anónimos de mujeres ataviadas con máscaras de gorilas, minifaldas y medias de red que se manifestaban en los museos de Nueva York para reivindicar a las mujeres artistas pasadas, presentes y futuras siendo una de sus consignas más famosas: ***Do women have to be naked to get into Met museum?*** ("¿Tienen que estar desnudas las mujeres para entrar al museo Metropolitano?").

Enumeremos a algunas de las más representativas artistas del siglo xx.

Florine Stettheimer

O la feminista que homenajeó a la maja desnuda de Goya

(Rochester, 1871-Nueva York, 1944)

Esta estadounidense abandonada por su padre, se crió con su madre, Rosetta Walter, una judía adinerada, y sus hermanas en Europa conociendo el arte de los grandes maestros, los cuales le servirán de inspiración. Dio clases de dibujo en Berlín y Stuttgart.

En París, y maravillada por los ballets rusos de Serguei Diaghilev, creó el libreto, los vestuarios y los decorados para una ópera propia: ***Orphée des Quat'z Arts.***

De vuelta a Estados Unidos, se matriculó en la Art Students League de Nueva York, donde aprenderá la pintura academicista. Allí formó junto a su familia un grupo conocido como ***las Stetties*** que reunía en su casa de Manhattan a figuras del arte estadounidense como Georgia O'Keeffe o Marcel Duchamp. Estas reuniones eran un oasis para los artistas homosexuales, pues allí se sentían libres de expresar su condición sexual, a pesar de que las parejas del mismo sexo eran ilegales en Nueva York.

En 1913 se autorretrató totalmente desnuda homenajeando a *La maja de Goya* mostrando una mirada provocativa y sin ocultar su vello púbico. Este retrato es considerado el primer autorretrato feminista de un desnudo frontal.

En vida, participó en una exposición individual en la Galería Knoedler en 1916, pero fue un fracaso y decidió no volver a exponer públicamente, haciéndolo solo ante su grupo de amigos en su apartamento.

En 1917 la pintora transformó su estilo organizando sus lienzos como un escenario teatral lleno de familiares y amigos. Sus obras se llenaron de colores primarios brillantes y sin mezclar sobre un fondo blanco plano. Su estilo es difícil de catalogar, pudiendo este ser etiquetado como modernista, simbolista e incluso como un precursor del *pop art*.

Desde 1929 hasta su muerte en 1944, pintó cuatro obras monumentales tituladas *Pinturas de la Catedral,* en las que reflejaba lo que ella consideraba los "santuarios" de la ciudad de Nueva York: Times Square y Broadway; Wall Street y la Quinta Avenida; y los museos de Nueva York. En su testamento, pidió a su hermana Ettie que sus obras fuesen donadas a diferentes museos de todo el país. Su amigo Duchamp organizó en 1946 una retrospectiva de su obra en el MOMA.

Mantuvo numerosas relaciones, pero nunca se casó porque consideraba que el matrimonio obstruía la libertad de las mujeres y restaba creatividad.

Obras destacadas:

- *A Model,* 1915-16. Columbia University, Nueva York (EE.UU).

- · ***Venta de primavera en Bendel's,*** 1921. Museo de Arte de Filadelfia (EE.UU).
- · ***Pinturas de la Catedral,*** 1929-1944. Museo Metropolitano de Arte, Nueva York (EE.UU).

Las Catedrales de la Quinta Avenida

Vanessa Bell

O la impresionista inglesa hermana de Virginia Woolf

(Londres, 1879–Charleston Farmhouse, 1961)

Nacida como Vanessa Stephen Jackson en el Londres victoriano, fue educada con sus hermanas en casa por sus padres a pesar de que sus hermanos estudiaron en Cambridge. A partir de 1901, estudió pintura en la Royal Academy.

Después de la muerte de sus padres, las hermanas Vanessa y Virginia se trasladaron al barrio de Bloomsbury, donde se relacionaron con los artistas, escritores e intelectuales que posteriormente formaron el Círculo de Bloomsbury, un grupo que despreciaba la religión, la moral victoriana y el realismo del siglo XIX. También fundó El Club de los Viernes, una asociación de mujeres amantes del arte.

Se casó con Clive Bell, de quien tomó su apellido en 1907. Tuvieron una relación abierta, intercalando amantes a lo largo de su vida en común. Vanessa Bell mantuvo relaciones con el crítico de arte Roger Fry y con el pintor bisexual Duncan Grant, de quien tuvo en 1918 a su hija Angélica a la cual su marido crió como propia. Por su lado, Clive Bell, mantuvo relaciones con la escritora Mary Hutchinson, entre otras.

Vanessa, Clive, Duncan Grant y el amante de Duncan, David Garnett se trasladaron juntos al campo antes del estallido de la Primera Guerra Mundial. Allí, la pintora y Duncan Grant trabajaron juntos formando una pareja artística hasta la muerte de Vanessa.

Fue la **primera artista en Gran Bretaña en experimentar con la abstracción,** pero regresó a la figuración, interesándose sobre todo en nuevas formas de representación de las mujeres, a quienes consideraba maltratadas por el arte.

Además, es considerada la introductora del impresionismo en Inglaterra. "Los cuadros de Vanessa Bell son pura emoción. Ofrecen enigmas. Surgen de un lenguaje visual innovador y vanguardista. Ella rompe con las nociones clásicas como mujer y como artista". Así describía Virginia Woolf la obra de su hermana, para la que también diseñó las cubiertas de sus libros.

En el año 2017 se organizó una retrospectiva de su obra en la Dulwich Picture Gallery de Londres.

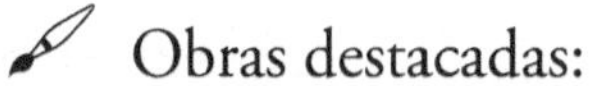 Obras destacadas:

- ***Playa de Studland,*** 1912.
- ***Virginia Woolf,*** 1912. National Portrait Gallery.
- ***La bañera,*** 1918.
- ***Interior con dos mujeres,*** 1932.

Obras de Vanessa Bell en Museo de Arte Charleston (Inglaterra)

María Blanchard

o cómo una santanderina es considerada una dama del cubismo

(Santander, 1881-París, 1932)

María Blanchard nació en una familia de la nueva burguesía montañesa acomodada y culta. Su padre fue el fundador de **El Atlántico,** un diario liberal. Nació con una cifoscoliosis con doble desviación de columna, que le produjo enanismo y cojera de por vida.

En 1903 viajó sola a Madrid para formarse con el pintor Emilio Sala. Tras fallecer su padre, toda la familia se trasladó a Madrid.

En 1908 ganó la tercera medalla de pintura de la Real Academia de Bellas Artes de San Fernando, donde coincidió en el palmarés con Aurelia Navarro. Este premio hizo que la diputación y el ayuntamiento de Santander le concediesen unas becas para que siguiese sus estudios en París. Allí, la pintora rusa María Vassilief le introdujo en el cubismo y compartió piso con el pintor mejicano Diego Rivera y Angelina Beloff, artista rusa y primera pareja del pintor mejicano. También conoció en París a Juan Gris y a Jacques Lipchitz, pintores vanguardistas. De regreso a Madrid huyendo de la Primera Guerra Mundial, su amigo Ramón Gómez de la Serna organizó la exposición *Pintores íntegros,* en la que Blanchard pudo mostrar sus primeros ensayos con el cubismo y en la que también expuso Diego Rivera, entre otros. Esta muestra recibió muchas burlas y protestas del público y de algunos críticos. La pintora decidió escapar tras estos y trabajar de profesora de dibujo en Salamanca, pero el rechazo y humillación de sus alumnos le hizo instalarse definitivamente en París, exponiendo en 1916 en el mismo salón en el que se presentaban *Las señoritas de Aviñón* de Picasso y en el Salón de los Independientes de 1920. También triunfó en la exposición *Cubismo y neo cubismo* en Bélgica en 1923.

La muerte de Juan Gris en 1927 le hizo caer en una crisis existencial y religiosa que le hizo plantearse ingresar en un convento. Pero superado el bache, siguió pintando incansablemente, a pesar de estar muy enferma, para poder alimentar a su familia, cosa que hizo hasta el mismo día de su muerte.

Su amigo Federico García Lorca le dedicó una elegía en una conferencia en el Ateneo de Madrid para reivindicar su influencia.

Su obra *La Boulonnaise* adquirida por el Prado recientemente, está incluida en la colección permanente.

Obras destacadas:

· **_La comulgante,_** 1914. Museo Nacional Centro de Arte Reina Sofía, Madrid (España).
· **_Mujer con abanico,_** 1916. Museo Nacional Centro de Arte Reina Sofía, Madrid (España).
· **_Mujer con guitarra,_** 1917. Museo Nacional Centro de Arte Reina Sofía, Madrid (España).
· **_Naturaleza muerta_**, 1917. Fundación Telefónica, Madrid (España).

Mujer con abanico

Marie Laurencin

O la amante de Apollinaire con museo propio en Japón

(París, 1883–París, 1956)

Comenzó como pintora de porcelana en Sèvres en 1901. Después se mudaría a París para tomar clases de dibujo en la Académie Humbert, donde conoció a Georges Braque, uno de los fundadores del cubismo.

Expuso por primera vez en 1907 de forma individual en el Salón de los Independientes, conociendo a Pablo Picasso y a su grupo de artistas de Montmartre. Entre ellos, estaba el poeta surrealista Guillaume Apollinaire, con el que mantendría una tormentosa relación y en la que ambos se influenciaron. Siguió exponiendo con ellos en dicho salón hasta 1912 y en la Galería Dalmau de Barcelona, donde se realizó la primera exposición cubista de España.

Terminada su relación con el poeta, la llegada de la Primera Guerra Mundial impidió a Marie Laurencin vender su obra a su clientela alemana y la forzó a exiliarse a España con su esposo Otto von Wäetjen, un noble germano.

Finalizada la contienda se divorció y volvió a Francia, convirtiéndose el famoso marchante Paul Guillaume en su representante. Debido a la crisis de la Gran Depresión ilustró libros de Max Jacob y *Alicia en el País de las Maravillas* de Lewis Carroll. También se asoció con Sonia y Robert Delaunay para componer poemas para revistas artísticas durante 1917 y ejerció como profesora de dibujo hasta su muerte.

Su inconfundible estilo se basaba en colores fluidos y suaves, composiciones simples y representaciones femeninas alargadas.

En el año 1983, celebrando el centenario de su nacimiento, abrió el Museo Marie Laurencin de Nagano (Japón) gracias al interés del coleccionista, mecenas y admirador Masahiro Takano, quien compró en subastas la mayoría de su catálogo, siendo el único museo de arte del mundo que contiene las obras de la pintora. Desgraciadamente dicho museo cerró en 2011 *sine die*.

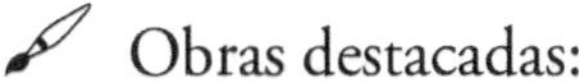 Obras destacadas:

- ***Tres mujeres jóvenes,*** 1935.
- ***Apollinaire y sus amigos,*** 1909.
- ***Grupo de artistas,*** 1908.

Retrato de mujer y paloma

Sonia Delaunay

O la ucraniana que jugaba con los colores y que inventó nuevo "ismo" gracias a un edredón para su bebé

(Gradizhsk, 1885-París, 1979)

Siendo pequeña, se trasladó a vivir a San Petersburgo con sus tíos, quienes le terminarán adoptando. Su padre adoptivo era un abogado llamado Henri Terk, un coleccionista del arte de la Escuela de Barbizon. En 1903, se trasladó a vivir a Alemania, donde inició sus estudios de arte en la Academia de Bellas Artes de Karlsruhe. En 1905 continuó su formalión en la academia La Palette de Montparnasse de París.

Tres años después se casó con Wilhelm Uhde, un marchante de arte con el que tuvo una corta relación. En la galería de arte de su marido conoció al que sería su pareja definitiva: el pintor Robert Delaunay, que será su segundo esposo y padre de su hijo Charles. A este bebé le tejió un edredón de *patchwork* de formas geométricas y vivos colores que fueron el inicio de un estilo que Sonia y su marido trasladaron a la pintura y que sería conocido como **"simultaneísmo"** el cual consiste en utilizar el color en pequeñas áreas una junto a la otra, utilizando contrastes, para que el efecto de observar el conjunto en un golpe de vista (todo simultáneamente) genere formas, luminosidad, espacio y movimiento. Este edredón está expuesto actualmente en el Museo Nacional de Arte Moderno de París.

Durante la Primera Guerra Mundial, la familia vivió entre España y Portugal ganándose la vida con sus pinturas, abriendo una tienda de moda propia llamada "Casa Sonia" en Madrid, con sucursales en Bilbao, San Sebastián y Barcelona, y diseñando el vestuario de representaciones teatrales y óperas.

En 1921 volvieron a París y siguió pintando, diseñando ropa y elaborando el vestuario de varias películas. Sonia decoró las paredes de su casa con poemas de sus amigos, como el mural "abanico-poema" de Gómez de la Serna. En su anhelo de traspasar el arte a otros soportes también diseñó "vestidos-poema", y los primeros libros simultáneos, una combinación de diseño, poesía y pintura.

En 1941, Sonia enviuda, pero sigue creando obras con sus formas geométricas como sello personal, un estilo que supo trasladar con gran genialidad de los lienzos a otros soportes como ropa o muebles.

Su fama le hizo **ser la primera mujer viva que contempló su obra expuesta en el Museo del Louvre,** cosa que sucedió en 1964. Recibió la Legión de Honor en 1975. En 2017 el Museo Thyssen le dedicó una exposición retrospectiva.

🖌 Obras destacadas:

- ***Vestidos simultáneos*** *(Tres mujeres, formas y colores),* 1925. Museo Nacional Thyssen-Bonermisza, Madrid (España).
- ***Contrastes simultáneos,*** 1913. Museo Nacional Thyssen-Bonermisza, Madrid (España).
- ***Prismes électriques,*** 1914. Centro Pompidou, París (Francia).

Vestidos simultáneos

Contrastes simultáneos

Georgia O'Keefe

O la primera artista a la que se le dedicó una retrospectiva en el MOMA

(Sun Prairie, 1887-Santa Fé, 1986)

Su infancia y adolescencia transcurrieron en un entorno rural. Estudió en la Escuela de Arte del Instituto de Chicago y en 1907 se trasladó a Nueva York, donde se matriculó en la Art Student League y conoció el arte europeo de Rodin y Matisse a través de sus visitas a la galería de Stieglitz. También desarrolló una carrera como publicista e ilustradora comercial.

Comenzó a hacer abstracciones basadas en motivos naturales que impresionaron a Stieglitz, que organizó su primera exposición individual en 1917. Al año siguiente, volvió a Nueva York y se unió al grupo de artistas de vanguardia que se reunían alrededor de la galería de su mentor. En 1924 se casó con Alfred Stieglitz.

Sus obras se basan en la simplificación de la naturaleza: flores, rocas y hojas en primeros planos que juegan con el paralelismo de los órganos sexuales de la flor y los genitales femeninos, y en preciosas vistas de los rascacielos de Nueva York tomados desde su apartamento.

En 1929 visitó por primera vez Nuevo México, que le inspiró para crear un nuevo tema para sus obras sobre huesos, cráneos de animales y desiertos y donde acabaría viviendo a partir de 1946, año de la muerte de Stieglitz.

En 1938, la agencia de publicidad N.W.Ayer & Son, le encargó crear dos pinturas publicitarias para la Hawaiian Pineapple Company. Esta oferta avivó su creatividad de nuevo pues, tenía cincuenta y un años y su carrera parecía estancada. En Hawái redescubrió sus pinturas de flores y paisajes con el predominio del color verde.

Durante la década de 1940 tuvo dos retrospectivas individuales, la primera en el Art Institute of Chicago en 1943 y la segunda en 1946, cuando fue la **primera mujer artista en tener una retrospectiva en el MOMA** de Nueva York.

Los movimientos feministas auparon a O'Keeffe como la creadora de la "iconografía femenina", pero la pintora se negó a unirse al movimiento de arte feminista. No le gustaba ser llamada una "mujer artista", pues quería ser considerada un "artista", sin más.

También un cuadro suyo ostenta el record del cuadro más caro de una artista femenina: *White Flower Nº 1,* un óleo de 1932 que se subastó en Sotheby's por 44.4 millones de dólares en el 2014 y que, curiosamente, representa una diminuta flor de mala hierba.

El Museo Thyssen le dedicó en 2021 una exitosa una exposición retrospectiva.

🖌 Obras destacadas:

- · ***Amapolas orientales,*** 1927. Art Museum at the University of Minnesota, (EE.UU).

- *Calle de Nueva York con Luna,* 1925. Museo Nacional Thyssen-Bornemisza. Colección Carmen Thyssen-Bornemisza, Madrid (España).
- *Lirio blanco n.º 7,* 1957. Museo Nacional Thyssen-Bornemisza, Madrid (España).

Lirio blanco n.º7

Maruja Mallo

O la surrealista de la Generación del 27: una de las "sin sombrero"

(Viveiro, 1902-Madrid, 1995)

Fue la cuarta de catorce hermanos, entre los que se encontraba el escultor Cristino Mallo. Con veinte años se trasladó a Madrid con su familia y consiguió aprobar el examen de ingreso en la Real Academia de Bellas Artes de San Fernando, donde se relacionó con artistas, escritores y cineastas como Salvador Dalí, Federico García Lorca, Luis Buñuel, Concha Méndez, Margarita Manso o María Zambrano, de la que era gran amiga. Finalmente, terminó abandonando la academia y su encorsetado sistema. Maruja Mallo era, ante todo, una mujer libre.

Siendo un miembro más de la Generación del 27, vivió noches de juerga y surrealismo con Dalí, Lorca o Alberti (con el que vivió un romance). Buñuel, por el contrario,

122

no la soportaba, quizás por la defensa de Maruja del amor libre y la igualdad entre géneros. Ortega le cedió las instalaciones de su *Revista de Occidente* para su primera exposición en Madrid.

Formó parte de las "sin sombrero", una acción reivindicativa de las mujeres intelectuales que escandalizaron a la mojigata sociedad por atreverse a salir a la calle sin esa prenda, pues para ellas llevar la cabeza tapada impedía liberar las ideas.

Siempre libre, vivió con quien quiso y como quiso, de igual a igual y sin dependencias ni dramas. Parece ser que le gustaba mucho la poesía, pues Pablo Neruda y Miguel Hernández fueron algunos de sus amantes.

En 1932 obtuvo una pensión para ir a París, donde conoció a René Magritte, Max Ernst, Joan Miró y Giorgio de Chirico y participó en tertulias con André Breton y Paul Éluard. Su primera exposición en París tuvo lugar en la Galería Pierre. Regresó a Madrid en 1933 y participó activamente en la Sociedad de Artistas Ibéricos, una asociación cuyo propósito era dar a conocer las vanguardias en España.

Comprometida con la República, al estallar la Guerra Civil huyó a Portugal y luego a América, instalándose en Nueva York y recibiendo un rápido reconocimiento. Andy Warhol decía que sus retratos eran un claro precedente del *pop art* norteamericano.

Cultivó un **surrealismo** muy especial. Su estilo pasó por dos etapas diferenciadas, una **colorista** en los años 20, con temas mágicos, cosmopolitas y optimistas; y otra **sombría y apagada** en los 30, más caótica y desequilibrada. También experimentó con la materia incorporando al lienzo materiales orgánicos como ceniza, cal, etc.

Regresó del exilio en 1965 y se instaló en Madrid, donde siguió pintando hasta su muerte, no obteniendo en su país el reconocimiento obtenido en el extranjero.

 Obras destacadas:

- *La verbena,* 1927. Museo Nacional Centro de Arte Reina Sofía, Madrid (España).
- *Antro de fósiles,* 1930. Museo Nacional Centro de Arte Reina Sofía, Madrid (España).
- *Canto de las espigas,* 1939. Museo Nacional Centro de Arte Reina Sofía, Madrid (España).

La verbena

Canto de las espigas

Lois Maillou Jones

O cómo una descendiente de esclavos africanos se siente orgullosa de ser artista y mujer

(Boston, 1905-Washington, 1998)

Fue nieta de esclavos e hija de trabajadores (su padre consiguió licenciarse en derecho trabajando como portero siendo el primer afroamericano en licenciarse como abogado) que le enseñaron la importancia del esfuerzo.

En 1919 comenzó sus estudios en la Escuela Superior de Artes Plásticas de Boston y asistió, becada, a clases nocturnas en el Museo de Bellas Artes de Boston. Con diecisiete años hizo su primera exposición. En 1933, consiguió plaza de profesora de diseño y pintura en la Universidad de Howard, una institución exclusivamente afro-americana, en la que trabajó hasta su jubilación.

En 1937 se mudó a París para perfeccionar su estilo en la archiconocida Academia Julian. Aquí no sintió el doble racismo que sufrió en su país por ser negra y mujer. En Francia se la apreció por su talento y no por el color de su piel. En París se sintió valorada y feliz. Allí se casó con el también pintor haitiano Louis Pierre-Noel después de una larga relación epistolar, pero sus raíces estaban en EE.UU por lo que decidió volver. Gracias a su esposo, frecuentó Haití, que le deslumbró por el colorido de la población de la isla, inspiración que incluyó en su obra.

De vuelta a su país, buscó inspiración en sus raíces africanas: investigó las máscaras y los colores de la tradición cultural negra y cambió el estilo de su obra mezclando colores y figuras cada vez más africanistas.

Formó parte del **Renacimiento de Harlem,** un movimiento que pretendía recuperar la identidad de la comunidad negra y su progresiva incorporación en la sociedad americana al ritmo de blues y jazz.

Finalmente, Louis Maliou Jones murió con noventa y tres años. La artista afirmó que su mayor contribución al mundo del arte fue aportar "una prueba del talento de los artistas negros". Deseó y consiguió ser conocida como una pintora estadounidense orgullosa de sus raíces africanas y su ascendencia americana.

✐ Obras destacadas:

- ***Les Fétiches,*** 1938. Smithsonian American Art Museum, Washington D.C. (EE.UU).
- ***Oda a Kinshasa,*** 1972. Colección Museo Nacional de Mujeres Artistas de Washington (EE.UU).
- ***La Baker,*** 1977. Museo de Bellas Artes de Boston (EEUU).

Oda a Kinshasa

Leonora Carrington

O la pintora inglesa que huyó a México

(Lancashire, 1917-Ciudad de México, 2011)

Nació en una familia de clase alta inglesa. Cuando era pequeña disfrutaba de los libros de Lewis Carroll y Beatrix Potter. Rebelde desde la infancia, fue expulsada de varios colegios; detestaba la educación convencional y se aburría. Su padre estaba en contra de que hiciera una carrera en las artes, pero con el apoyo de su madre, Carrington logró ser enviada a estudiar al internado Miss Penrose School for Girls, de Florencia, donde conoció a fondo la obra de los grandes maestros italianos.

En 1936 ingresó en la Academia Ozenfant de arte de Londres y asistió a la primera exposición surrealista que abrió en Inglaterra. Fue allí donde descubrió la obra de Max Ernst. Este evento marcó la ruptura con su familia y a los veinte años se mudó a París con Ernst, que era veintiséis años mayor que ella.

En la capital francesa se acercó al círculo surrealista de Pablo Picasso, Salvador Dalí y André Breton. Carrington y Ernst se mudaron a la Provenza, pero la subida al poder de los nazis puso fin a su apacible vida en el sur de Francia. Ernst fue arrestado por considerarse "degenerado" su arte y huyó a Estados Unidos, mientras que Carrington se refugió en España. Tras sufrir una crisis nerviosa, fue internada en un hospital psiquiátrico de Santander, donde fue sometida a un terrible tratamiento. Ayudada por un amigo diplomático, consiguió escapar a Lisboa para después establecerse en México. En pago de esta ayuda, acordaron un matrimonio por conveniencia y, como esposa de un diplomático, pudo asentarse en Nueva York. En 1942 llegó a México, se divorció del diplomático y comenzó a relacionarse con la escena artística mejicana, que era un refugio para otros artistas europeos que huyeron de los horrores de la guerra. Siempre interesada por lo místico y lo sagrado, encontró una nueva fuente de inspiración en la cultura mexicana y maya. Con la pintora española Remedios Varo, compartió una visión onírica con influencias mutuas. Allí conoció a su segundo esposo: Emérico "Chiki" Weisz, un fotógrafo húngaro que trabajó con Robert Capa.

La mayor parte de su obra es autobiográfica. Consiguió un lenguaje visual muy personal, abarrotado de personajes oníricos. Con una técnica exquisita que insiste en el detallismo, esta artista nos ofrece un bestiario fascinante y sugestivo.

Obras destacadas:

- ***The Kitchen Garden on the Eyot,*** 1946. Museo de Arte Moderno de San Francisco (EEUU).
- ***Autorretrato,*** 1937-1938. Metropolitan Museum of Art, Nueva York (EE.UU).

Autorretrato

Dorothea Tanning

O de *Alicia en el País de las Maravillas* al surrealismo

(Illinois, 1910-Nueva York, 2012)

Se formó en el Instituto de Arte de Chicago y se trasladó a Nueva York para trabajar como diseñadora publicitaria. Fascinada desde la infancia por el libro *Alicia en el País de las Maravillas,* ya se intuía lo que llevaba dentro esta mujer desde niña, y ese juego de puertas que se abren será una constante en su obra.

Visitar la exposición *Fantastic Art Dada Surrealism* del MoMA en 1936, cambió su visión artística: el saber que no había límites para crear trastocó completamente su manera de vivir la vida. Inmediatamente, se mudó a París, aunque la Segunda Guerra mundial le hizo volver a casa.

En 1942, el marido de Peggy Guggenheim, el artista Max Ernst[1] visitó su estudio. Estaba buscando artistas femeninas para una exposición y lo que encontró fue al amor de su vida. Ernst dejó a la gran mecenas y se casó en 1946 con Dorothea en una ceremonia doble con Man Ray y Juliette Browner.

---

1.   (1)   Max Ernst se casó con Peggy Guggenheim cuando llegó a Nueva York huyendo de los nazis, siendo la galerista su tercera esposa, pues en Europa estuvo casado con las artistas Louise Straus-Ernst y Marie-Berthe Aurenche. Fue amante de Leonora Carrington y fue un vértice del triángulo amoroso formado por Paul Eluard y Gala, la futura musa de Dalí.

Tanning pintaba al estilo surrealista, a veces acudía a la abstracción o esculpía esculturas blandas de tela rellenas de lana creando extrañas instalaciones. En los años 70 creó la instalación *Hôtel du Pavot, Chambre 202*, formada por una serie de esculturas blandas hechas de diversos materiales como telas, papel, lana o moqueta que se puede ver en el Centro Pompidou de París.

Con noventa y cuatro años descubrió su nueva faceta de escritora publicando su autobiografía y libros de poesías. Vivió y trabajó entre París y Nueva York, donde vivió durante veintiocho años, hasta su fallecimiento en su casa de Manhattan.

El 3 de octubre de 2018 se inauguró la exposición *Detrás de la puerta, invisible, otra puerta* en el Museo Nacional Centro de Arte Reina Sofía de Madrid, siendo esta su primera retrospectiva.

Obras destacadas:

- ***Cumpleaños,*** 1942. Autorretrato de la artista. Museo de Arte de Filadelfia (EE.UU).
- ***Eine Kleine Nachtmusik,*** 1943. En el que conjuga su libro de juventud con la música de Mozart. Tate Modern, Londres (Inglaterra).

Cumpleaños

Ángeles Santos

O una catalana pintando un mundo diferente

(Portbou, 1911-Madrid, 2013)

Esta gerundense era la mayor de ocho hermanos, hijos todos de un funcionario de aduanas. Debido al trabajo de su padre se mudarían frecuentemente por todo el país. Inició su formación en Sevilla y en Valladolid. En 1929, cuando apenas tenía dieciocho años, pintó el cuadro *Un mundo,* un óleo de gran formato que representa un extraño planeta surrealista. Esta obra le permitió participar en el IX Salón de Otoño de Madrid, donde fue elogiada por intelectuales y críticos como Jorge Guillén, Ramón Gómez de la Serna, Juan Ramón Jiménez y Federico García Lorca, quienes la calificaron como mitad expresionista, mitad surrealista. Poco después, hizo otra exposición en Madrid invitada en el Lyceum Club.

En 1930, ingresó en un sanatorio mental de Madrid durante un mes y medio y su amigo Ramón Gómez de la Serna protestó públicamente por esta reclusión en un artículo de *La Gaceta Literaria* de abril de 1930.

En 1936 contrajo matrimonio con el pintor catalán Emilio Grau Sala, pero al estallar la Guerra Civil el matrimonio se separó, exiliándose él en París y trasladándose ella a Huesca con sus padres, ciudad en la que nacería su hijo Julián y en la que daría clases de dibujo en un colegio de monjas.

A partir de ese momento, participó en exposiciones en San Sebastián (en la de la Sociedad de Artistas Ibéricos), Copenhague, París, en el Carnegie Institute de Pittsburgh (EE.UU), etc.

Durante veinticinco años permaneció separada de Emilio Grau, que rehízo su vida en París, mientras que Ángeles y su hijo permanecieron en España. En 1962, tras el fallecimiento de la pareja de Grau, el matrimonio se reunió de nuevo y fijaron su residencia en la capital francesa, donde él tenía un próspero estudio. Algunos años después se trasladaron y vivieron en Cadaqués, Sitges y Barcelona.

A partir de 1969, la artista se interesó por el paisaje postimpresionista, pintando ciudades como París, Barcelona, Cadaqués. Expuso en la Sala Parés en 1974, siendo una retrospectiva de su obra. Su estilo evolucionó desde el surrealismo juvenil al expresionismo, pasando por el postimpresionismo en su madurez.

En 2004 fue galardonada con la Medalla de Oro al Mérito en las Bellas Artes y en 2005 La Generalitat de Cataluña le otorgó la Cruz de Sant Jordi. Vivió casi ciento dos años, gozando de reconocimiento al finalizar la dictadura gracias al nuevo interés por las vanguardias.

✎ Obras destacadas:

· ***Autorretrato,*** 1928. Museo Nacional Centro de Arte Reina Sofía, Madrid (España).

- ***Un mundo,*** 1929. Museo Nacional Centro de Arte Reina Sofía, Madrid (España).
- ***Tertulia,*** 1929. Museo Nacional Centro de Arte Reina Sofía, Madrid (España).

Un mundo

Charlotte Salomon

O cómo vivir el horror nazi y canalizarlo a través de la pintura

(Berlín, 1917-campo de concentración de Auschwitz, 1943)

Hija de una próspera familia judía alemana, su padre, Albert Salomon, era médico cirujano y es considerado el inventor de la mamografía. Llevó una existencia apacible hasta que en 1926 su madre murió de gripe, según lo que le contaron a ella. Fue criada por institutrices hasta que su padre se volvió a casar en 1930 con una soprano, Paula Lindberg, una mujer alegre, inquieta e independiente que introdujo a Charlotte en el mundo del arte y de la música.

En 1933, los nazis llegaron al poder y su familia fue considerada "100 % judía", lo que restringió su formación, pues las leyes prohibían a los judíos estudiar, siendo Charlotte una de las últimas judías admitidas en la Academia de Arte de Berlín, de la cual acabó siendo expulsada y donde se le negaron los premios que consiguió por la misma razón. Tras la trágica "Noche de los cristales rotos", tuvo que exiliarse a Niza con sus abuelos mientras su padre y madrastra huían a Holanda. En 1939 se suicidó su abuela y descubrió un trágico "secreto familiar": todas las mujeres de su familia se suicidan; su madre no murió de gripe, como ella siempre creyó, sino saltando por una ventana; su abuela también siguió la tradición familiar. Esta revelación familiar impactó a la joven, que estaba aislada en un campamento para refugiados con su abuelo, quien abusará sexualmente de ella. Harta de los abusos, terminó envenenando a su abuelo y huyendo con su pareja.

Entre 1941 y 1942, su psiquiatra le recomienda la pintura como terapia para alejar sus traumas. Así ilustró su vida con una serie de mil trescientos dibujos a *gouache* para poder sobrevivir. Esta autobiografía pictórica llamada **¿Vida? o ¿Teatro?** le fue entregada al doctor justo antes de ser deportada, con una amarga súplica "Guárdalo en lugar seguro; es toda mi vida".

En septiembre de 1943, Charlotte y su esposo, Alexander Nagle, son detenidos y deportados a Auschwitz. La artista estaba embarazada de cinco meses cuando fue gaseada con veintiséis años. Su padre, sobreviviente del horror nazi, recuperó la memoria visual de su hija siendo expuesta por primera vez en 1959. Esta obra única e irrepetible está dividida en tres partes: el preludio muestra su infancia en Berlín, la parte principal describe sus ideas respecto al arte y al alma y el epílogo relata su vida en la Costa Azul.

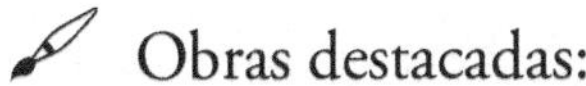 Obras destacadas:

- ***¿Vida? o ¿Teatro?*** Museo Histórico Judío de Ámsterdam, dónde tiene su sede la Fundación Charlotte Salomon. Ámsterdam (Países Bajos).

¿Vida? o ¿Teatro?

Manuela Ballester

O la valenciana antifascista que hizo un cartel animando al voto femenino

(Valencia, 1908-Berlín, 1994)

Su padre era profesor en la Academia de Bellas Artes de San Carlos, por lo que la futura pintora creció rodeada de arte y artistas. Con catorce años estudió pintura en la Escuela de Bellas Artes Valenciana y ganó un premio que utilizó para visitar el Museo del Prado, donde quedó fuertemente impresionada por Goya y Velázquez.

Al acabar sus estudios, contactó con la **Generación Valenciana de los Treinta,** un grupo de artistas valencianos interesados en las vanguardias y liderados por el pintor comunista Josep Renau, quien terminaría convirtiéndose en su esposo. Manuela diseñaba figurines de moda e ilustraba la revista anarquista *Estudios y Blanco y Negro,* que premia una de sus ilustraciones en 1929. Este mismo año participó en la Exposición de Arte de Levante, que reunió a los vanguardistas valencianos. Manuela se afilió al Partido Comunista y se involucró en los movimientos sociales fundando la publicación *Pasionaria: Revista de las mujeres antifascistas de Valencia*. Con motivo de las elecciones de 1936, diseñó su primer cartel en el que animaba a las mujeres a votar al Frente Popular. En 1937, Renau fue nombrado Director General de Bellas Artes y el matrimonio organizó el Pabellón Español en la Exposición de París y la selección de artistas participantes.

En 1938, la familia se trasladó a Barcelona, donde Manuela trabajó como dibujante del ejército. Pero al finalizar la guerra, la familia se vio forzada a huir a Francia, ayudados por Picasso. Siguieron su ruta del exilio hasta México, donde la comunidad de exiliados les acogió y donde participaron en el movimiento muralista de Rivera y Siqueiros.

En 1959, la familia se trasladó a Berlín, donde divorciada trabajó ilustrando revistas y haciendo fotomontajes para la Agencia Nacional de Noticias Alemana hasta su muerte con ochenta y seis años. Un año después de su fallecimiento, L'Institut Valencià de la Dona realizó una exposición homenaje y en 2008 se le dedicó el documental *Manuela Ballester, el llanto airado,* disponible en internet.

La obra de Ballester es un reflejo de la época que vivió; involucrada en la política y en la educación de la mujer, ninguneada por el franquismo por ser republicana y viviendo a la sombra de un hombre artista muy poderoso en la II República.

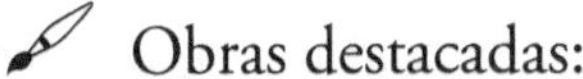 Obras destacadas:

- ***Votad al Frente Popular,*** 1936.
- Mural ***España hacia América,*** 1945-50. Hotel Casino de la Selva, Cuernavaca (México). Realizado por Josep Renau, Manuela Ballester y su hijo Ruy.

Mural *España hacia América*

Judy Chicago
O como reivindicar a todas las mujeres artistas en una única obra: "The dinner party"

(Chicago 1939)

Nacida como Judith Sylvia Cohen, su padre era un activista comunista judío y su madre una bailarina que le inculcó las artes a su hija, que pintaba desde pequeña.

En 1961 se casó con Jerry Gerowitz, del que enviudó un año después al morir este en un accidente automovilístico. Así creó una serie abstracta con órganos sexuales femeninos y masculinos para canalizar la muerte de su esposo. En 1965 realizó su primera exposición individual en la Galería Rolf Nelson de Los Ángeles y en 1969, el Pasadena Art Museum exhibió una serie de esculturas y dibujos de cúpulas de plástico utilizando fuegos artificiales y pirotecnia para crear "atmósferas". Al explorar su propia sexualidad, pintó otra serie abstracta: *Pasadena Lifesavers,* que representa su propio descubrimiento del orgasmo femenino. Siendo ya conocida, decidió cambiar su nombre artístico: el galerista Rolf Nelson le bautizó como **Judy Chicago,** pues, según él, tenía un fuerte acento de Chicago.

En 1970 organizó el primer curso de arte feminista en el CalArts de California, que le llevaría a fundar Womanhouse, un proyecto de ayuda a mujeres artistas. Este proyecto desembocaría en su obra maestra, mezcla de arte conceptual, *performance* y homenaje: ***The dinner Party:*** un gran óleo triangular que consta de treinta y nueve espacios, que celebra los logros de las mujeres en la historia e incluye artistas, diosas, activistas y mártires con un piso blanco decorado con el nombre de novecientas noventa y nueve mujeres más. **Esta obra es considerada la primera obra de arte feminista de la historia.**

Posteriormente haría otros trabajos como *Birth Project,* que utiliza imágenes del parto para homenajear a las madres, y *The Holocaust Project: From Darkness to Light,* en colaboración con su esposo, el fotógrafo Donald Woodman. Esta obra utiliza el Holocausto para explorar la victimización, la opresión, la injusticia y la crueldad humana, usando técnicas variadas: tapices, vitrales, metal, madera, fotografía, pintura y costura. En su último trabajo, iniciado en 1994, alterna una serie de pinturas y bordados que reinterpretan refranes y proverbios.

Chicago tiene exposiciones permanentes en numerosos museos como el Museo Británico y el Museo de Brooklyn.

Obras destacadas:

- ***The Dinner Party,*** 1979. Brooklyn Museum, Nueva York (EE.UU).
- ***Birth Project,*** 1985. Museo de Albuquerque, (EE.UU).

The Dinner Party

Epílogo

Mujeres en el arte del siglo XXI

En este recorrido por la historia del arte hemos visto los pasos que han dado las mujeres desde los mitos griegos y las oscuras escribanías medievales al pleno reconocimiento de las artistas.

La tendencia del siglo XXI es el arte global con nuevas técnicas y materiales, no solo pictóricas, también visuales como el video-arte, las *raves* o las *performances*. El arte del siglo XXI quiere reflejar los cambios sociales y políticos que vivimos sorprendiendo al espectador y haciéndole reflexionar.

Queda mucho trabajo por hacer, y en este siglo se están dando importantes pasos para conseguir la presencia de las féminas en los circuitos artísticos.

En 1951, Eve Arnold fue la primera mujer que entró en la agencia de fotografía más importante de la historia: la Agencia Magnum en la que solo había miembros masculinos. Abrió las puertas de la agencia a las mujeres. Cristina García Rodero fue la primera fotógrafa española en entrar en la prestigiosa agencia en 2009. Hoy en día hay 100 fotógrafos representados, de ellos solamente son 17 mujeres.

Marina Abramovic es una artista multidisciplinar que experimenta con multitud de técnicas: pintura, video-arte, ópera combinada con *art-performance,...* Es considerada la reina de las *performances* y el *Body Art.* En mayo de 2021 ha sido galardonada con el Premio Princesa de Asturias de las Artes, el cual le será entregado en Oviedo el próximo mes de octubre.

Artistas internacionales como Esther Ferrer, (Premio Nacional de Artes Plásticas de España (2008) y Premio Velázquez de Artes Plásticas (2014)) o Cristina Iglesias (Premio Nacional de Artes Plásticas (1999) y Medalla de Oro al Mérito en las Bellas Artes (2015)), cuyas obras están repartidas por numerosos lugares públicos y museos del mundo, son un ejemplo de la visibilidad cada vez mayor de las mujeres en el arte.

En el siglo XXI las mujeres han encontrado por fin su lugar como artistas reconocidas cuyas obras podemos ver en museos, ferias internacionales y galerías. Nos hemos dado cuenta del injusto trato que les hemos dado y se van dando pasos importantes en instituciones públicas y privadas y en el altavoz de las redes sociales, siendo un buen ejemplo de esto **"la plataforma la Roldana",** nombrada así en homenaje a la escultora barroca Luisa Roldán, que lucha por incluir a las mujeres artistas en los temarios educativos de historia del arte.

Os invito a descubrir por vuestros medios a las artistas contemporáneas tras haber presentado a las pioneras del arte que nos han de servir de ejemplo e inspiración.